伊藤真宏 著

法然さま二十三のお歌

こころにふれる
教えに親しむ

JN220000

JODO SHU
PRESS

はじめに

歌は、感情の発露です。日本人は古来、さまざまな感情を和歌に託してきました。『古事記』『日本書紀』に収められている歌謡（記紀歌謡）や『万葉集』がそれを如実に示しています。そして和歌が今日まで詠まれ続けているのは、日本人が心象や憧憬を表現するにふさわしい方法だからなのでしょう。

法然上人も和歌をよく詠まれました。それらはいずれも、上人の信仰を映す鏡です。法然上人のほとばしる信仰を、そのお歌から感じてみましょう。

そもそも和歌とは、長歌《ちょうか》、短歌、旋頭歌《せどうか》などの総称で、日本の固有語（大和言葉）で歌われた、日本固有の歌（大和歌）です。漢詩に対して、大和言葉の詩を意味するものとして、和歌と呼ばれたようです。五七調を基調に、五七、五七、五七…と三句以上を連ね、最後を七で括《くく》ったものを長歌といいます。五七、五七と二句を詠み、最後を七で括ったのを特に、短歌。五七七、五七七と詠むのを旋頭歌といいます。また五七、五七として最後に七七と括る仏足石歌体《ぶっそくせきかたい》というものもあり、さまざまな形態で和歌が詠まれていたのです。

短歌は、長歌を短く詠み切ったものであることから「短歌」と呼ばれたのですが、短歌が最も多く詠まれていくことから、和歌といえば短歌を指すようになっていきます。奈良時代の『万葉集』では、多くは五七、五七、七、と、五七調が意識されていたのですが、次第に、五七五、七七という区切りでも詠まれる和歌になっていき、平安時代の『古今集』ではこちらが多くなっていきます。

いずれにしても、わずか三十一文字に情景や心情を詠み、文字に表れない心象をも詠み込んで、真情を表現するのが、和歌の本質であると言えましょう。つまり、法然上人のお歌には、まさに上人その人の信仰が詠み込まれ、阿弥陀仏に対するお心や、極楽浄土への憧れが表象しているのです。

さあ、ご一緒に法然上人のお歌をひもとき、味わい、法然上人の信仰の世界へと旅することにしましょう。

はじめに

1 法然さま 二十三のお歌

おほつかなたれかいひけんこまつとは
くもをさゝふるたかまつの枝 …… 12
こくらくもかくやあるらむあらたのし
とくまいらはや南無阿弥陀仏 …… 14
あみた仏といふよりほかはつのくにの
なにはのこともあしかりぬへし …… 14

いかにしてわれこくらくにむまるへき
みたのちかひのなきよなりせは……17
これを見んおり〳〵ことにおもひてゝ
南無阿弥陀仏とつねにとなへよ……19
不浄にて申念仏のとかあらは
めしこめよかし弥陀の浄土へ……21
しはのとにあけくれかゝるしらくもを
いつむらさきの色にみなさむ……24
月かけのいたらぬさとはなけれとも
なかむる人の心にそすむ……27
阿みた仏と十こゑとなへてまとろまむ
なかきねふりになりもこそすれ……34
ちとせふるこまつのもとをすみかにて
無量寿仏のむかへをそまつ……37

いけのみつ人のこゝろににたりけり
にこりすむことさためなけれは……40
むまれてはまつおもひ出んふるさとに
ちきりしとものふかきまことを……42
阿弥陀仏と申はかりをつとめにて
浄土の荘厳みるそうれしき……45
露の身はこゝかしこにてきえぬとも
こゝろはおなし花のうてなそ……47
さへられぬひかりもあるををしなへて
へたてかほなるあさかすみかな……50
われはたゝほとけにいつかあふひくさ
こゝろのつまにかけぬ日そなき……53
あみた仏にそむる心のいろにいては
あきのこすゑのたくひならまし……55

ゆきのうちに仏のみなをとなふれは
つもれるつみそやかてきえぬる……57
かりそめの色のゆかりのこひにたに
あふには身をもをしみやはする……59
極楽へつとめてはやくいてたゝは
身のおはりにはまいりつきなん……61
阿みた仏と心はにしにうつせみの
もぬけはてたるこゑそすゝしき……65
往生はよにやすけれとみなひとの
まことの心なくてこそせね……67
いけらは念仏の功つもりしなは浄土へまいりなん
とてもかくてもこの身にはおもひわつらふ事そなき……70
コラム1　一戒をもたもたず　74

2 法然さまのご生涯

誕生と、失意の子ども時代……80
希望と絶望の比叡山……83
専修念仏者……89
三昧発得による確信……92
死を乗り越えて……95
コラム2 病と死への祈り 98

3 お歌の背景

学問・研究の大切さ……102
タイムマシン……104
法然さまと歌……106
確かに法然さまの歌といえるものと、そうでないもの……109
コラム3 三昧発得 116
法然さまのお念仏—むすびにかえて

1 法然さま二十三のお歌

おほつかなたれかいひけんこまつとは
くもをさゝふるたかまつの枝

（覚束《おぼつか》な　誰か言いけん　小松とは　雲を支うる　高松の枝）

現代語訳

よくわからないことだ、誰が言ったのであろう、〝小松〟などと。まるで大空に浮かぶ雲を支えているような、こんなに立派な高松の枝であるのに。

この歌は、法然上人の複数の伝記に伝わっていますが、ある伝記では、「こまつとはたれかいひけむおほつかなくもをささふるたかまつのきを（小松とは誰か言いけん　覚束な　雲を支うる　高松の木を）」となっていて、「おほつかな（覚束な）」と「こまつとは（小松とは）」が入れ替わっています。「おほつかな（覚束な）」が先に来ることで、不審な様、怪しみが強調されていて技巧的なように感じますが、歌の意味は大差ありません。

さて、その伝記によればこの歌は「元久《げんきゅう》三年七月に吉水《よしみず》をいでて小松殿《こまつどの》におわしましける時」に詠んだ、とあります。「小松殿」とは、「法然上人二十五霊場」にもなっている、現在の小松谷正林寺《こまつだにしょうりんじ》[*1]（京都市東山区）の前身といわれ、法然上人がしばらく居住されたところです。

空にそびえる松、たなびく雲に連なっていくようなその松の枝。小松殿におられたとき、法然上人は立派な松をご覧になり、誰かが「小松」などと言ったというが、とんでもない、すばらしい「高松」ではないか、と感じ入られたのでしょう。「松」をお念仏と見て、お念仏を「小松」のような低劣な行法だと見ている人に対して、阿弥陀仏の救いの対象は一切の衆生《しゅじょう》であり、お念仏は「大空の雲を支えているような立派な高松の枝」のように、あらゆる功徳《くどく》が込められた、勝《すぐ》れた修行である、ということを詠まれたとする解釈もあります。

また江戸時代の学僧《がくそう》・湛澄《たんちょう》（一六五一―一七一二）は、『空華和歌集《くうげわかしゅう》』という、法然上人の歌を解説した本の中でこの歌を、上人は極楽の宝樹《ほうじゅ》を常に心に掛けられていたので、それらに比べれば、娑婆《しゃば》世界の松がすばらしくとも、「小松」に過ぎないと感じられるのも仕方のないことか、と読み込んでいます。

＊1　京都市東山区渋谷大通東大路東入。もと平重盛の邸宅で小松殿といわれたが、平家衰退後は九条兼実（43頁＊18参照）が譲り受け、さらに法然上人に寄進された。法然上人二十五霊場第14番。

こくらくもかくやあるらむあらたのし
とくまいらはや南無阿弥陀仏

（極楽も　かくやあるらん　あら楽し　疾く参らばや　南無阿弥陀仏）

現代語訳

極楽というところも、このようなところなのであろう。ああ、楽しいことだなあ。急いで参りたいなあ。南無阿弥陀仏。

あみた仏といふよりほかはつのくにの
なにはのこともあしかりぬへし

（阿弥陀仏と　言うより外は　津の国の　難波のことも　悪しかりぬべし）

現代語訳

この難波の浦は葦の名所であるというが、それにつけて思うのは、往生極楽のためには、ただ念仏をとなえるだけでいいのであって、それ以外の行は、その名物の葦を刈るではないが、悪しきことであろう。

弟子の住蓮《じゅうれん》、安楽《あんらく》が、御所《ごしょ》の女房を無許可で出家させ、後鳥羽上皇《ごとばじょうこう》の逆鱗《げきりん》に触れて死罪になりました。法然上人はその責任者として連座させられ、讃《さ》岐国《ぬきのくに》（香川県）に遠流《おんる》の刑に服されました。

いずれの歌も、その折、つまり法然上人が建永《けんえい》二年（一二〇七）に配流となり、讃岐に赴《おもむ》かれる途中の三月二十六日、塩飽島《しわくじま》において、地頭の駿河権守《するがごんのかみ》高階時遠入道西仁《たかしなときとうにゅうどうさいにん》に歓待され、法然上人が詠まれたものです。上人の伝記の一つ『法然聖人絵《しょうにんえ》』には、「さまざまのきらめきにて美膳を奉り、湯ひかせなどしてこころさしいとありがたけり」と記され、西仁による、ごちそうやお風呂など、心温まるもてなしぶりがうかがわれます。

法然上人の配流は、京都から淀川《よどがわ》を下り、大阪湾から瀬戸内海を進んで讃岐に渡るという船旅で、建永二年といえば上人七十五歳のご高齢、さぞ困難な行程であったろうと想像します。そうした中、西仁の歓待を受け、法然上人はそのもてなしを心から喜ばれたのです。

一首目は、「あらたのし」の一句に、あらゆる思いが凝縮されているように感じます。目的地までの途中ではあるが、少し落ち着けた安堵感、西仁の心配りに対するありがたさ、まともな、いやそれ以上の食事への満足感、湯で疲れを流せた充実感。まさに、法然上人に、極楽浄土を思わせる歓待だったのでしょう。だからこそ、「急いで参りたい、南無阿弥陀仏」と歌を結ばれます。

さらに次の一首で、早く往生が遂げられる行業《ぎょうごう》はお念仏以外にない、と確認されます。「あしかりぬ」は、お念仏以外の行が、凡夫《ぼんぶ》には修し難く、阿弥陀仏の本願でもないから、往生のためには「悪しかる」、つまり悪いものである、ということと、「葦を刈る」ということを掛けられたものです。難波（現在の大阪市域）は昔、葦の名所で、古来、難波津と葦を詠んだ歌は多いことで知られます。しかも、「難波のこと」と「（念仏以外の）何のこと」とが掛かっており、技巧的にも優れていると思います。

西仁の、想像を絶する歓待が、さも極楽の如し、と感動され、早く極楽に参りたいと願われたとき、自らがなすべきことはお念仏以外にない、との思いを法然上人は吐露されているわけで、この二首がセットで詠まれていることにこそ、味わい深いものが感じられます。

いかにしてわれこくらくにむまるへき
みたのちかひのなきよなりせは
（如何にして　我極楽に　生まるべき　弥陀の誓いの　無き世なりせば）

現代語訳

どのようにして、私は極楽に往生したらよいのであろう。
もし、阿弥陀仏の本願がない世であったならば。

法然上人の流罪については前の歌でもふれましたが、その配流の地は讃岐国小松庄《こまつのしょう》（現在の香川県まんのう町）の生福寺《しょうふくじ》といわれています。このお寺は廃寺となり、現在は高松市に法然寺として復興され、法然上人二十五霊場の第二番霊場としても親しまれています。法然上人は、ここに逗留されている間に、讃岐の名所をあちらこちらと回られたようです。

この歌は、[*2]「讃岐の松山」を見に行こうとお出かけになり、そこであまりに見事な趣きに、同行の人が、「一首ずつ皆で歌を詠もう」と提案して詠まれた、

＊2　「讃岐の松山」の、正確な現在位置については不明も、保元《ほげん》の乱に敗れた崇徳《すとく》上皇が最初に着船したのが「讃岐の松山」の津と伝えられる。それが保元元年（1156）であるから、法然上人が「讃岐の松山」に赴かれたと考えられる時期と時間的に非常に接近しており、あるいはこのあたり（現在の香川県坂出市）を指すとも考えられる。

と古い伝記に記されています。ところが、法然上人の歌はその景色への感動を詠んだものではなかったため、同行者が歌をけなしました。すると上人は、「景色は本当にすばらしいけれども、それを感じ終われば、またすぐに、歌の内容のようなことを思う」と言われ、一同、涙したのだ、とあります。

法然上人は、まさにお念仏一筋でありました。娑婆でのどれほどすばらしい景色も感動も極楽にはかなわない、往生こそ目指すべきことであるという上人のお姿が、本当にありがたいことです。

一方、私たちはと振り返ってみれば、この世でのさまざまな出来事に対して一喜一憂する毎日です。お念仏が大事である、と聞いてもお念仏第一の生活をしているでしょうか。世間の景色にとらわれ、栄耀栄華《えいようえいが》を夢み、娑婆は忍土《にんど》だといわれていても、「いやいや、耐え忍べばまだまだ良いこともあるのでは」と思ってしまう私たちではありませんか。詠まれた背景と同時にこの歌を知るならば、身が引き締まる思いでいっぱいになります。十分に反省したいものです。

これを見んおりおりことにおもひてゝ
南無阿弥陀仏とつねにとなへよ
（これを見ん　折々ごとに　思い出て　南無阿弥陀仏と　常にとなえよ）

現代語訳
これを見ましょう。そして時々は書かれていることを思い出して、南無阿弥陀仏といつもとなえなさい。

この歌は、十二の問いと答えからなる法然上人のお言葉をまとめた文献（『十二箇条問答《じゅうにかじょうもんどう》』）の最後に記されているものです。最後の問いかけに対して法然上人のお答えが述べられた上で、「これを見ん…」、つまり『十二箇条問答』の内容をしっかり確認しましょう、と詠まれたものです。後世、前出の湛澄という僧がこの歌について、「上の句は教なり。下の句は行なり」（『空華和歌集』）と記し、教えを学びつつお念仏すべきである、と説明されています。つまり、「何でもよいから、お念仏」「よく分からないけど、お念仏」ということでは決してなく、しっかり教えを学んで、そしてお念仏すべきことを強調されている、とみるべきでしょう。

法然上人が沙弥道遍《しゃみどうへん》というお弟子に、「往生のためには念仏第一なり。学問すべからず。ただし念仏往生を信ぜん程はこれを学すべし」と語ったと伝えられています。つまり、極楽に往生するためには学問をしてはいけないが、お念仏して往生することを信じられるぐらいには学びましょう、とおっしゃっているのです。「学問すべからず」といっても、これは学ぶことでかえってお念仏の実践がおろそかになることを案じてのことであって、学び、実践(念仏)することが、法然上人の基本的態度といってよいと思います。私たちは、ともすると、頭で理解してからでないとお念仏がとなえられなかったり、机上の空論をいたずらに戦わせたり、激しい念仏行こそ必要であるとするなど、各々の立場で勝手に理解し、実践し、また勧めてはいないでしょうか。

智者の振る舞いをせず、お念仏を信じられるように教えを学び、また信じられるまでは学び続け、同時にお念仏を実践し、また信じられなくてもお念仏をとなえ続けなければならないのです。

不浄にて申念仏のとかあらはめしこめよかし弥陀の浄土へ

（不浄にて　申す念仏の　咎《とが》あらば　召し籠《こ》めよかし　弥陀の浄土へ）

現代語訳

トイレで申す念仏に、何か罪科があるというなら、罰としてどうぞ私を閉じ込めてくださいな、阿弥陀仏のお浄土へ。

この歌は、法然上人の伝記の一つに出ているのですが、「上人かわやにて御念仏ありけるをある御弟子いさめ申ければ」（法然上人がトイレでお念仏されていたのを、あるお弟子が、ご忠告申し上げたところ…）という前書き（詞書）が記されており、なんと、法然上人が便器にまたがった姿でお念仏している様子までも描かれています。

トイレの最中に念仏してもいいのか、などという疑問は、現代でも湧き上がってきそうな気がします。トイレも去ることながら、浄不浄の観念は、古くから問題視されていました。法然上人が庶民のさまざまな問いに答えられたといわれる問答集『一百四十五箇条問答《いっぴゃくしじゅうごかじょうもんどう》』には、生まれて百日に満たない赤ちゃんの忌《い》み、子どもの死の忌みについて尋ねた問答があります。上人は仏教に物忌みはなく、いずれにも穢《けが》れはない、と断言されています。現在でも例えば、一般の方が葬儀に参列したあと、塩を身体にふりかけてから家に入られる姿を見るにつけ、八百年前の法然上人が、なんと新しかったことか、と感じます。

また法然上人のお言葉には「浄不浄をえらばず」とか、「男女」「貴賤《きせん》」「善人悪人」「夜昼」など、それら相対的な違いを問わず、時処諸縁《じしょしょえん》（時間や場所やさまざまな縁）も気にすることなく、ただ念仏することを勧められるものが散見されます。阿弥陀仏の垂れる大慈悲は、人間社会の価値観などをはるかに超えたものなのであり、それを感じられた法然上人が、私たちに懇切丁寧に教えてくださっているのです。

このお歌は、法然上人が「行住坐臥《ぎょうじゅうざが》[*3]に時節の久近《くごん》を問わない」（歩いていても止まっていても、座っていても横になっていても、時間の長短に関係ない）念仏を見事に体現され、まさに実践されていることを示しています。私たちも

＊3　歩いているとき（行）、止まっているとき（住）、坐（起きているとき）、臥（寝ているとき）の四つの状態。「行住坐臥に…」の文は、善導大師『観経疏』に出てくる一文。「いついかなるときでも、時間の長短にかかわらずとなえるのが往生のためになる」の意。

トイレで念仏し、阿弥陀仏の大慈悲に触れ、法然上人がこの歌を詠まれたお心を感じたいものです。

なおこの歌は、一つの伝記にしか見られませんので、重要視できるものではないのかもしれません。しかし、後で述べるように、その伝記はさらに古い伝記の影響下にあると考えられます。したがって、古い伝記の、まだ発見されていない部分に、この歌が含まれている可能性は十分ある、と考えられますし、法然上人の浄不浄の観念と共通しますから、法然上人作の歌と見てよいでしょう。

しはのとにあけくれかゝるしらくもを
いつむらさきの色にみなさむ

（柴の戸に　明け暮れかかる　白雲を　いつ紫の　色に見なさん）

現代語訳

粗末な草庵《そうあん》に、明けても暮れてもたなびいてくる白い雲であるが、いつ、仏の来迎《らいこう》の紫雲《しうん》と見届けられることであろう。

この歌は二つの伝記に記されていますが、前書き（詞書）の内容に違いがみられます。一つ（古い伝記の影響を受けたと見られる『拾遺古徳伝《しゅういことくでん》』）は、「聖人或時《しょうにんあるとき》、大谷の坊にて、西の方はるかに眺望したまいつつ、くちずさませたまいける歌（大谷の禅坊で、西の方角を眺められながら、口ずさまれた歌）」となってます。この記述を信頼するならば、大谷の坊（現在の総本山知恩院・勢至堂辺り）でのことですから、この歌は、法然上人が讃岐の配流から赦免されて建暦《けんりゃく》元年（一二一一）に京都に戻られてから詠まれたもの、ということになります。つまり、京都に戻られてから往生されるまでの約一カ月半の間のいつの日かに詠まれたと考えられます。極楽往生を心から願われていたご高齢の上人の心境はどのようなものであったでしょう。

その時に詠まれたものと受け止めるなら、当時、法然上人は数え年で七十九歳。明けて建暦二年正月二十五日にお亡くなりになる八十歳は、当時にあっては誠にご長命であり、「いつお迎えが…」と考えながら、ただただお念仏されていた法然上人のお姿が目に浮かびます。

もう一つの伝記（[*4]『法然上人行状絵図』）は、この歌の詞書を「[*5]勝尾寺《かつおうじ》にて」としていますが、勝尾寺（大阪府箕面《みのお》市）で詠まれたとしても、晩年に違いありません。讃岐流罪の勅免《ちょくめん》が下りても京都に戻ることは許されず、法然上人は一旦、勝尾寺で丸四年を過ごされたといわれます。つまり七十五歳から七十九歳の間です。山深い地にある勝尾寺で過ごされたことが事実なら、ご高齢であり、慣れない山中での気候の中、暖房も着る物も満足なものではなかったでしょうから、その生活は想像を絶するものがあります。讃岐への旅や、勝尾寺での苦労の生活を経て、弟子や信者が取り巻く大谷の禅坊へ入られた法然上人を

＊4　知恩院所蔵。国宝。法然上人百回忌を記念して製作された。全48巻の絵巻物。それまでに作られた法然上人の複数の伝記の集大成として、上人の事蹟はもちろん、語録、手紙、弟子の伝記に至るまで、量的質的に類を見ない。天台宗の僧、舜《しゅん》昌《じょう》が勅命によって編集したとされ、その功により知恩院第九世となったといわれる。詞書は伏見天皇、後伏見天皇、後二条天皇の宸筆をはじめ、当時の能筆家の寄合い書きとされている。

＊5　大阪府箕面市粟生。高野山真言宗の古刹寺院。西国三十三所第23番札所。

想う時、この歌を詠まれた上人の、心から阿弥陀仏の極楽浄土に往きたいというお気持ちが強く感じられます。念仏を信仰する私たちは、法然上人のお姿を究極の理想とすべきでしょう。西の空を眺める時、目に映る白い雲が、いずれは阿弥陀仏の来迎の紫雲《しうん》と見ることができるようにお念仏に励みたいですし、晩年というものが私にも訪れるならば、この歌のようなお姿や心境を目標としたいものです。

さらに、『玉葉和歌集《ぎょくようわかしゅう》』に入撰したということでも、この歌は特筆されるべきものです。法然上人の歌として初めて勅撰集[*6]に入るもので、この後、何回も入撰していきます。『玉葉和歌集』は第十四番目の勅撰集で、正和《しょうわ》元年（一三一二）に成立しました。伏見院の企画で京極為兼《きょうごくためかね》[*7]を撰者とし、総歌数は約二千八百首、二十一代集の中で最大のものです。この歌集は、伝統の枠を打破し革新的かつ清新であると評され、今日的評価も高いとされます。そうした歌集に法然上人の歌が入ったという事実は、それなりに重いものでしょう。

＊6　時の天皇の命により、和歌や漢詩を集めたもの。対して、個人が集めたものを私撰という。

＊7　1254－1332　歌人。藤原為家の孫。祖父に家芸の和歌を学び、清新で客観的・感覚的を特色とする和歌の流派「京極派」を興す。

月かけのいたらぬさとはなけれとも
なかむる人の心にそすむ

（月影の　至らぬ里は　なけれども　眺むる人の　心にぞ澄む）

現代語訳

月の光が照らさないところはないが、月を眺める人の心にこそ月の光は澄み渡るのである。

浄土宗の宗歌として知られている歌です。『法然上人行状絵図』に「光明偏《こうみょうへん》照《じょう》十方《じっぽう》世《せ》界念仏衆生摂取《かいねんぶつしゅじょうせっしゅ》不《ふ》捨《しゃ》の心を」という詞書が付いています。「光明偏照十方世界念仏衆生摂取不捨」は『観無量寿経《かんむりょうじゅきょう》』の一節であり、この歌は一般には、その意味するところ、すなわち阿弥陀仏の光明はあらゆる世界をくまなく照らし、念仏をとなえる衆生をもらさず救いとってくださる阿弥陀仏の本願と広大《こうだい》な慈悲を詠まれたのだと解釈され、上人の歌を代表するものとして、また浄土宗を象徴する歌として有名です。

月の光が照らさないところはありません。月が空にあれば、その光は遍《あまね》く分け隔てなく、どこにも降り注いでいます。しかし、建物の中にいては、その美しい月の光を知ることはありません。実際に月を眺めてこそ、自分の心に月の光が澄み渡り、月の存在と美しさが実感できるといえましょう。阿弥陀仏の慈悲は、誰に対しても平等に降り注いでいます。しかし、お念仏をおとなえしなければ、その広大無辺《むへん》の慈悲を知ることはありません。実際にお念仏をおとなえしてこそ、その実在が確信され、自分の心に阿弥陀仏の慈悲が感じられてくる、そういうことを詠まれたのです。

この歌は『和語灯録《わごとうろく》』[*8]にも紹介されていますが、そこには詞書がありません。したがって、もともと法然上人は『法然上人行状絵図』に見られる詞書のような意図はなかったのかもしれません。もちろん、「光明徧照十方世界念仏衆生摂取不捨」の心を詠まれたとみても不都合はありませんが、ただ、「摂取不捨（必ず救いとってくださる）」なのは「阿弥陀仏」ですから、それは、阿弥陀仏からの働きかけを示しています。一方、この歌の下の句は、眺める人の心、つまり、阿弥陀仏の働きかけに対する念仏を修める衆生の心的状況や変化を「澄む」

*8　法然上人が和語で著した文献、また上人と弟子の問答などを和語で記した文献を、了慧道光《りょうえどうこう》（1243-1330、一説に1331）が編集したもの。

と表現したもので、明らかに衆生側のことを詠んでいます。要するにこの歌は、上の句で阿弥陀仏からの働きかけを示し、下の句で衆生側のことを詠まれているのであって、阿弥陀仏の働きかけだけを表現されたのではなく、阿弥陀仏と凡夫が念仏によって密接に関わるということを詠み込んだ、すばらしい歌といえましょう。

法然上人は、阿弥陀仏の呼びかけに応じて念仏し、心が乱れっぱなしの自分が次第に阿弥陀仏に導かれていくさまを、喜びをもって詠まれたと考えられます。『法然上人行状絵図』の詞書が必ずしも事実ではない、ということは後述する通り（109～115頁）ですが、その詞書に引きずられることなく、単純に歌に込められた心を推測すれば、むしろ私は、法然上人が「念仏の行、水《すい》月《げつ》を感じて昇降《しょうごう》を得たり（念仏を修すれば、池の水が月を映し出すように、阿弥陀仏は凡夫の思いに応えてくださるのである）」（『選択本願念仏集《せんちゃくほんがんねんぶつしゅう》』[*9]第十六章）と述べられた感応道交の心、それを詠まれたのではないか、と思っています。

水に映った月を見て私たちは月の存在を理解できます。水は空に上らないし、

＊9　九条兼実の要望により、法然上人が撰述した浄土宗の根本聖典。全16章。1198年成立。往生のための業因は阿弥陀仏の本願である称名念仏であることを理論的に明示している。

月が水の中に降りたのでもありません。しかし、月が水に映ってその光が澄んでいることを確認するのです。念仏していると、私は極楽に往かずとも、阿弥陀仏が娑婆に来られていなくとも、阿弥陀仏の存在を実感できる、そういう心境を歌に詠まれたと考えます。

「すむ」に関しては、「澄む」と「住む」が掛けられている、といわれます。確かに古来、歌に「すむ」と詠まれる場合、その二つを掛けて表現されることはあります。例えば「さしぐみに袖ぬらしける山水にすめる心は騒ぎやはする」(『源氏物語』若紫)は、「澄んで」いる心と久しく心静かに「住む」ことを掛けています。また、月の歌には「澄む」と「住む」が必ず意識されている、という指摘もあり、文学として考えた場合は、うなずくべき点もあります。しかし、一般的に「住む」という言葉は、人間や動物などが「住む」ということであり、「月」が「住む」ことはありません。ここでは、心に月の光が「澄む」と読み取るべきであると考えます。

「住む」と受け取り、漢字の「住」にことよせて「留まる」という意味にとらえ、阿弥陀仏が心に留まる、と読み込む向きもあります。実は湛澄も、その掛かりを『空華和歌集』で解説しています。また現在に至るまで、そのことが否定されることはあまりありません。しかし、心に阿弥陀仏を留められないからこそ、観想の念仏[*10]を否定されたのであり、おかしなことになりましょう。仮に、自ら阿弥陀仏を観想しようとしたのでなく、阿弥陀仏の方から心に留まってくださる、と考えたとしても、お念仏すれば仏と一体となるような、般舟三昧《はんじゅざんまい》のような、あるいは真言宗のような教義になってしまう可能性もあります。法然浄土教では、あくまでも阿弥陀仏は自分の外にあり、自分以外の、人格的な仏として極楽にいて、お念仏をとなえる衆生を、その臨終に来迎して摂取してくださる方です。

和歌の技法として、「澄む」「住む」は掛けられますし、古来そうした歌が実際に詠まれてきました。法然上人もそのことをよくご存知であろうことは否定しません。しかし法然上人がこのお歌を、「住む」ということも意識されていた、とわざわざ解釈する必要は全くありません。

月が心に「住む」とはどういうことでしょうか。微妙な心の持ちようを言葉で表現するのは難しいことですが、大きく二通りに分類してみましょう。

---

*10 「観念の念仏」とも。阿弥陀仏の姿や極楽浄土のありさまを心にありありと想い描く修行法。これに対し、口に「南無阿弥陀仏」ととなえるのを口称《くしょう》念仏（称名念仏）という。

第一に、「心に留《とど》まる」として、阿弥陀仏が衆生の心にどっかり入り込み、衆生と仏が一体となるような状態。第二に、「思いを懸ける」として、念仏して阿弥陀仏と常に相対しているというような状態。後者のような意味で「住む」ということが説明されるならば、納得できます。しかし、前者の場合の説明にあてられるならば誤解を生むこととなり、法然上人の意に反してしまいます。単なる歌として解釈するに留めるならば、掛詞に言及して歌の技法として優れていると考えてよいでしょう。しかし、法然浄土教の教義に絡めて解釈するならば、わざわざ誤解を招く表現で説明すべきではありません。その意味で、第一、第二の説明をした上で、第二の理解が正しい、と正確に説明するべきでありますが、そこまでしなくとも、教義を意識して解釈するならば「澄む」と解釈しておくのがよいのではないでしょうか。

そもそも和歌は文学であり、詩歌ですので、その解釈には幅があってしかるべきでしょう。そこに厳密な教義的解釈を求めるには、よほどの注意が必要です。法然上人は、月の光が分け隔てなく降り注ぐ様や、月を見ないことにはその光の美しさはおろか、そこに月がある、ということにさえ気づけないことを歌に託されたのであって、歌の中に「阿弥陀仏」のことが触れられているわけではありません。「きっと法然上人は、阿弥陀仏のことをお詠みになったのであろう」と誰もが推量しているに過ぎないのであって、法然上人が「この歌は阿弥陀さまのことを詠んだのである」とおっしゃっているわけではないのです。

そのような歌に、敢えて法然浄土教思想の教義的な解釈をほどこそうとするならば、誤解を招かないような解釈にすべきである、ということです。

この歌は、月を眺める人の心に美しい月の光が澄み渡り、それは、念仏をとなえると、阿弥陀仏の存在や、その大慈悲のありがたさが実感できることを詠んだと考えるべきもの、そのように述べておきます。

阿みた仏と十こゑとなへてまどろまむ
なかきねふりになりもこそすれ

（阿弥陀仏と　十声となえて　まどろまん　永き眠りに　なりもこそすれ）

現代語訳

南無阿弥陀仏とお十念をとなえて、まどろむのがよい。永遠の眠りになるかもしれないので。

いつ、どのようなことで命が果てるかもしれない娑婆世界《しゃばせかい》の無常の身。眠る前にお十念をとなえるよう勧めたものです。『法然上人行状絵図』の詞書にも、「睡眠の時十念を唱ふへしといふ事を」とあります。「月かけの…」同様、『和語灯録』には、詞書がなく歌だけしか載録されていませんので、それ以上のことは分かりません。文献学的には、他に事実を物語るものは今のところなく、『和語灯録』に収められているから法然上人のお歌に違いないのではないだろうか、といった表現をせざるを得ません。

それにしても昨今の世界情勢は、一寸先は闇。全くもって、いつ死が訪れるか知れません。そのことが肌身に感じられます。戦争が危惧され、テロがあり、天災地変に、事件事故。私たちは、いつどこで事件や事故に巻き込まれ、被害者になるか分からない、ということだけは確実です。

それだけではありません。原因不明の病気が次々と発生し、ウイルスはますます変貌します。インフルエンザは毎年型を変え、ノロウイルスや肺炎が高齢者の命を奪います。克服された病も多数ありますが、いわゆる「いたちごっこ」です。

社会は、ストレスの溜まらざるを得ないシステムになっていて、生活していても心休まることのない雰囲気。塾だ、受験だ…、と子どもは追い立てられ、大人になれば会社に勤めてノルマだ、成績上げろと追い立てられ、あげく、リストラ。心身を蝕《むしば》まれても仕方ない生活。心臓が悲鳴をあげ、突然死や脳卒中、心筋梗塞、そして癌。決して他人事ではありません。死がいつ襲ってきても不思議でないといえるでしょう。いつ死ぬか分からないのです。

法然上人の念仏相続とは、最期臨終《さいごりんじゅう》の夕べまで、お念仏し続けることです。

浄土宗第二祖、聖光房弁長《しょうこうぼうべんちょう》上人（一一六二－一二三八）は、「念死念仏」ということをいわれました。毎夜、床に就くたびに「今日が臨終である」との思いで私たちも念仏せよ、ということです。

布団に入り、眠りにつくときにはぜひとも十遍のお念仏を実践したいものです。法然上人は「平生の念仏の死ぬれば臨終の念仏となり、臨終の念仏ののぶれば平生の念仏となる也（平生念仏していてそのまま死ねば臨終念仏となるし、臨終念仏と思ってとなえていて臨終が延びたならそれは平生念仏だ）」（『和語灯録』二）とおっしゃっています。いつも臨終であるという思いで布団に入りお念仏し、また朝起きることができたなら、すがすがしくお念仏しましょう。

ちとせふるこまつのもとをすみかにて
無量寿仏のむかへをそまつ

（千歳経る　小松の元を　棲家にて　無量寿仏の　迎えをぞ待つ）

現代語訳

長い年月を経た立派な老松のある、小松殿《こまつどの》を住房《じゅうぼう》として、無量寿仏のお迎えを待っていることよ。

この歌がどこで詠まれたのか文献上では判然としませんが、すでに紹介した「おほつかな…」の歌（12頁）で「小松」と詠み込まれたのが小松殿でのこと、そこに「高松」と讃えられる立派な松があること、そして今紹介している「ちとせふる…」では「小松の元を棲家」と詠まれていること等を考慮すれば、おそらく、晩年に小松殿で静かにお念仏されていた頃のご自身を詠まれているものと思います。小松殿は、小松谷正林寺（13頁＊1）のことといわれ、そこに住まわれていたときに詠まれたのでしょう。

『和語灯録』では、「無量寿仏」が「阿弥陀仏」となっています。意味の上ではどちらも同じですが、上の句の「ちとせふる」と合わせて考えれば、「無量寿仏」の方がよいように感じます。すなわち、千歳を経た如何《いか》に立派な松といえど、所詮この娑婆世界の限りあることであり、無量寿の仏の元に往生したいという、「千歳」「無量」の対比において、秀句といえます。『法然上人行状絵図』で、より完成された歌になっているということです。

法然上人は小松殿を終焉《しゅうえん》の地と考えておられたのでしょうか。心静かにお念仏をとなえ、阿弥陀仏の来迎《らいこう》を期されている様子がよく分かります。この後、流罪の憂き目に遭《あ》われるなど、このときの法然上人には知る由もなかったといえましょう。そう考えますと、この歌はますます心に沁《し》みてまいります。

なおこの歌は、『法然上人行状絵図』では「上人てつからかきつけ給へりける」という詞書のすぐあとにあり、次に、先述の「おほつかな…」の歌が出てきて、以下、「いけのみつ…」(40頁)、「むまれては…」(42頁)、「阿弥陀仏と申はかりを…」(45頁)と続き、「元久二年十二月八日　源空」と記されています。その体裁を考慮すれば、「ちとせふる…」、「おほつかな…」、「いけのみつ…」、「むまれては…」、「阿弥陀仏と申はかりを…」の五首と、日付と署名の入った法然上人直筆の一紙が存在しているように見えますが、「上人てつからかきつけ給へりける」という詞書は、この「ちとせふる…」の歌だけのもので、日付署名が「阿弥陀仏と申はかりを…」の歌だけのものというようにも見えます。すでに記したように、より古い文献によって、『法然上人行状絵図』の記述の信頼性は揺らいでいますので、直筆の一紙の存在に関しては、そうした現物が発見されない限り認めることはできません。

いけのみつ人のこゝろににたりけり
にこりすむことさためなけれは

（池の水　人の心に　似たりけり　濁り澄むこと　定めなければ）

現代語訳

池の水は、人の心に似ているものだ。濁ったり澄んだりして定まらないことよ。

心揺れ動く、思いが乱れっぱなしの凡夫（乱想《らんそう》の凡夫）を詠んだもので、私たちの心を見事に表現されています。ある時には他人に対して慈しみの心を持つことができ、それこそ、仏のような心が起きたと思えば、ある時には人を羨《うらや》んだり妬《ねた》んだり、鬼のように憎んだり。一体、自分の心の本当の姿とはどれなんだ、と悩まれたことは、読者の皆様も一度や二度ではないでしょう。人生は、選択の連続です。それは「迷い」でもあり、そして「後悔」でもあります。

さあ、どちらの道を進むべきか、という時に迷うのは、「欲」があるからです。

あぁ、あの時あっちの道を選択しておけばよかった、と後悔するのも、「欲」があるからです。煩悩にまみれた私たちの心は、「凡夫の心は、物にしたがいてうつりやすし。たとうるにさるのごとし。ま事に散乱してうごきやすく、一心しずまりがたし」と、聖光上人が伝承された法然上人のお言葉として伝わっています（『和語灯録』）。猿が木から木へと伝っていくように心が乱れ、欲に振り回され、一点として留まることを知らない、と現実の我々を見据え、示してくださっています。正にこのことを詠まれているわけです。

この歌は『続後拾遺和歌集《しょくごしゅういわかしゅう》』にも入選していますが、そこには「我こゝろ池水にこそにたりけれにこりすむこと定《さだめ》なくして」とあり、法然上人ご自身のお心として詠まれています。いずれが真作かということも重要な課題ですが、「我こゝろ」として詠まれていることは、心詰まされ味わい深いことです。自らが三学非器《さんがくひき》[*11]という、仏教の修行に耐えられる器でないという深い自己洞察であり、乱想の凡夫と自覚された、そのことが、末法《まっぽう》[*12]のすべての衆生に当てはまる、と気づいてくださったところに、私は思いを馳せたいと考えます。「我こゝろ」が「人の心」と同一であるところが、法然浄土教の真骨頂なのです。

＊11 「三学」とは仏道修行の基本を三つに分けたもので、戒（戒律を守る）、定（瞑想によって心の安定を保つ）、慧（戒と定の実践により、真理を見据える智慧を獲得する）の三。「非器」とは、とてもそれらを修めるに堪え得る身ではないということ。

＊12 仏教における時代区分の一つ。仏の教えが残っているのみで、それを実践する者も、ましてさとりを得る者もいないとされる時代。日本では、永承7年（1052）から末法に入ったとされ、人々の不安感がお念仏の広まりを進めることになった。

むまれてはまつおもひ出んふるさとに
ちきりしとものふかきまことを

（生まれては　まず思い出ん　ふるさとに　契りし友の　深き誠を）

現代語訳

私が浄土に往生したならば、まずは思い出すことであろうよ。故郷である娑婆世界で、共に極楽浄土に参ろうと約束した同行の深い真実の心を。

どのようなご縁にしろ、幸いにもこの世でお念仏に出会い、毎日の念仏生活を決意し、そしてそのお念仏の生活を喜んで送れているとしても、私たち凡夫の心は、すぐ退転し、あるいは疑いの心が生じたり、あるいは姿形だけお念仏しているように装って、内心は極楽に往生したいとは思っていなかったり、本当に複雑なものです。そんな凡夫に欠かせないのが、同行、すなわち、共にお念仏する友人（配偶者や両親、子どもなど、親族を含む）の存在です。互いに

＊13　1146-1228　法然上人の側で仕えていた弟子。上人滅後は、後継者として教団を統率し、浄土宗の基礎を形作った。

＊14　1183-1238　13歳で法然上人のもとに入り、上人が亡くなるまで側近の弟子として給仕した。上人は臨終の2日前に「一枚起請文」をしたため、授けたといわれている。

＊15　1177-1247　14歳で法然上人に入門。上人の『選択集』執筆に際して重要な役を担う。上人滅後は京都西山（長岡京市）に移り住んだ。浄土宗西山三派の祖。

＊16　1173-1262　比叡山で天台宗を学んだ後、29歳で法然上人に弟子入り。建永2年（1207）、讃岐国に配流さ

励まし合い、一方が念仏を怠っていれば精進《しょうじん》を促し、一方が誤解していれば正しい念仏行に軌道修正する、そのような仲間がいれば、心強いものです。

自身を含め、浄土宗僧侶や寺族、あるいは檀信徒とはいえ、心からお念仏を喜び、お念仏の生活を喜んでいるかと自問したなら、どれほどの方がそうと明言できることでしょう。自戒を込めてあえて申し上げれば、それほど深い信仰の中で生活している、というふうではありません。お念仏するのは形だけであり、口から自然に溢れ出る、ということではないような気がします。心から真剣に信仰としてのお念仏が溢れ出るような自分になりたいものです。蛇足ながら、「お念仏をとなえても、心から喜べない」と真剣に悩んでおられる方は、この限りではありません。

私が先に往生したならば、寂しくとも苦しくともお念仏して待っておれ、必ず迎えにいくぞ、などという約束は、互いのこの世での念仏行を助け、励みとなり、往生の確信をもたらせてくれるものとなります。自分への反省を促してくれる友人、僧侶ならば、あり方を共に悩んでくれる友人を持ちたいものです。

法然上人も、聖光や信空《しんくう》[*13]や源智《げんち》[*14]、証空《しょうくう》[*15]、親鸞《しんらん》[*16]、遊蓮房円照《ゆうれんぼうえんしょう》[*17]、九条兼実《くじょうかねざね》[*18]、熊谷直《くまがいなお》[*19]

れた法然上人と同様に越後（新潟）へ流され、その後、関東へ。晩年は京都に戻って生涯を閉じた。浄土真宗の開祖。

＊17　1139－1177　藤原通憲《みちのり》の三男。平治の乱で父を喪った21歳時に出家し、お念仏により三昧発得した。法然上人は比叡山下山後、すぐ、円照に会いに行き、自ら体得したものが正しいことを確認。上人は「私の生涯の大きな思い出となるのは、お念仏の教えと円照に出会えたこと」とまで述懐している。

＊18　1149－1207　藤原忠道の子。関白。長男の急死を機に法然上人に教えを請うようになり、上人を師として出家。終生、あつく帰依した。

実《ざね》、正如房《しょうにょぼう》[*20]……。さまざまな人と、そのような約束を結ばれていたに違いありません。そしてその約束を交わした時の純粋な、真実の「往生したい」という心こそ、最も大切な信心なのです。

---

*19　1141－1208　鎌倉初期に源平の合戦で名を上げた御家人。武蔵国大里郡熊谷郷（埼玉県熊谷市）生まれ。息子と同じ、わずか16歳の平敦盛を討ち取ったことに心を痛め出家、法然上人に入門し、熱心な念仏信者になった。

*20　?－1201　式《しき》子《し》内親王《ないしんのう》との説もあるが詳細は不明。式子内親王とすれば後白河法皇の第三皇女。法然上人とは長年の親交があった。聖如房とも書く。

阿弥陀仏と申はかりをつとめにて浄土の荘厳みるそうれしき

（阿弥陀仏と　申すばかりを　勤めにて　浄土の荘厳《しょうごん》　見るぞうれしき）

現代語訳

南無阿弥陀仏とおとなえすることのみを日々の勤めとして、お浄土のありさまを見ることができるのはうれしいことよ。

ただ念仏一行によって、往生して浄土のありさまを目の当たりにできる、というのは本当にありがたいことでしょう。戒を保つことも、心を整えることも至難の業《わざ》と思える凡夫が、お念仏だけでよい、と言われているのです。法然上人が日々のお念仏の中で、まさに往生を確信され、喜んでおられる様子があふれにあふれている、というような歌といえましょう。

この歌は『和語灯録』と『法然上人行状絵図』のほか、『九巻伝』と呼ばれる伝記にも記されていますが、その『九巻伝』には、法然上人が三昧発得《さんまいほっとく》（お念仏する中で阿弥陀仏や極楽浄土の様子を、生きながら目の当たりにすること）された場面の記述のあとに、「三昧発得の歌には」として出てきます。確かに、娑婆にありながら、お念仏によって極楽のありさまを確認できたなら、まさに「みるそうれしき」ことでしょう。法然上人ご自身の三昧発得については、不求自得（みずからは求めないが、おのずから得られること）とはいえ、確実に三昧発得されていたと考えられますから、「浄土の荘厳みるそうれしき」という下の句には意義深いものがあります。

しかし、戒は守れないし、心は常に乱れている私たち、この世を生きていれば嘘もつくし、悪いと分かっていても人に迷惑をかけてしまい、それが止められない私たち、いわば地獄に落ちてもしかたない行為ばかりしている凡夫が、「往生のためには念仏だけでよい」と言われているわけですから、そんな己《おのれ》が極楽浄土に往生できるということは、三昧発得の有無に関わらず、ただそれだけでもこの上ない喜びにちがいないでしょう。法然上人の、往生の確信の喜びあふれた歌は、そのまま凡夫である私たちの喜びであると感じます。

露の身はこゝかしこにてきえぬとも
こゝろはおなし花のうてなそ

（露の身は　ここ彼処《かしこ》にて　消えぬとも　心は同じ　花の台《うてな》ぞ）

現代語訳

露のようにはかない命の私たちが、こちらやあちらや、どこで亡くなってしまったとしても、心は同じ蓮台、きっとお浄土でお会いできることでしょう。

お念仏をとなえ阿弥陀仏の慈悲にすがるものは、皆、極楽での再会が間違いなく、娑婆世界での距離など、取るに足らない、ということを詠んだものです。往生の確信が満ちあふれる、力強いお歌ではないでしょうか。

『法然上人行状絵図』によれば、法然上人が配流の刑で四国に流される時、九条兼実が名残惜しさに手紙を送られました。そこには、

「振り捨てて行くは別れのはしなれとふみ渡すへき事をしそ思ふ（私を振り

捨てて行ってしまわれるのは、これから始まる長いお別れの端緒となりましょう。どうにかしてお手紙を渡したいとも思いますし、お帰りのための架け橋を踏み渡られるように尽力したいとも思います）」と、兼実の歌がありました。それへの返歌として記されているのが「露の身は……」の歌です。

『法然上人行状絵図』の、法然上人と九条兼実のやりとりが事実であったと考えると、今でこそ、京都からどこへ行くにしても、さまざまな交通手段で気軽に移動できますが、歩くか船以外、ほぼ手段がなかった鎌倉時代のこと、たとえ京都と大阪ほどの距離でも大変だったことでしょう。ましてや讃岐ということになれば、なおさらです。容易に連絡もとれません。しかも二人とも高齢です。普段気軽に出会える手段がないとすれば、いわゆる今生《こんじょう》の別れ、というようなことも実感としてあったに違いありません。

当初、法然上人の配流地は土佐とされましたが、九条兼実は、土佐ではあまりに遠いので、少しでも近くの、自分の領地であった讃岐になるよう尽力したと、『法然上人行状絵図』は語ります。実は兼実は、法然上人が流罪に至るまでの幾たびかの事件の際、陰に日なたに力を尽したようです。たとえば、比叡[*21]

＊21　巻にお念仏が広まるようになると、法然上人の弟子の中には他宗派を中傷したり、間違ったことを教える者が出るようになった。これに対して、元久元年（1204）、比叡山の僧らが念仏停止を訴え出た事件（元久の法難）を指す。

山の衆徒が時の天台座主《てんだいざす》に念仏停止《ちょうじ》を訴えたとき、あるいは奈良・興福寺[*22]が朝廷に法然上人の失《しつ》を奏上《そうじょう》したとき、さまざまな場面で上人を擁護し、騒ぎが収束すべく行動しました。その都度、兼実の働《はたら》きかけが奏功したのか、収まります。しかしさすがに、法然上人の流罪を止めることはできず、京都を離れることになってしまいます。それでも兼実は、土佐が讃岐になるように、お帰りが一刻も早くなるように、尽力するのです。法然上人への帰依ぶりがみてとれます。

当の法然上人は、別れとはいっても所詮、娑婆世界でのこと、遅れ先立つ身、お念仏さえとなえているならば、阿弥陀仏のもとでの再会は間違いない、との確信がありました。娑婆での距離やその寂しささえも超越されていたのです。

＊22 比叡山から出された念仏停止の訴え（元久の法難）が沈静化して間もない翌元久2年（1205）、今度は興福寺から、法然上人の説く教えには九つの過失ありとして、念仏禁断の訴えが朝廷に出された。

さへられぬひかりもあるをしなへて
へたてかほなるあさかすみかな

（障えられぬ　光もあるを　おしなべて　隔て顔なる　朝霞かな）

現代語訳

何ものにも遮られない光というものがあるものなのに、（そんなことはまったく知らぬといわんばかりに）あたり一面にただよって太陽の光を遮り、いかにも一切の光を遮っているように得意げな朝霞だなぁ。

「さへられぬひかり（遮ることのできない光）」とは、阿弥陀仏の光明のことを指します。『無量寿経《むりょうじゅきょう》』の上巻に、衆生を救う阿弥陀仏には、別に十二の呼称のあることが説き明かされています。それは無量光仏《むりょうこうぶつ》、無辺光仏《むへんこうぶつ》、無碍《むげ》光仏《こうぶつ》、無対光仏《むたいこうぶつ》、燄王光仏《えんのうこうぶつ》、清浄光仏《しょうじょうこうぶつ》、歓喜光仏《かんぎこうぶつ》、智慧光仏《ちえこうぶつ》、不断光仏《ふだんこうぶつ》、難《なん》思光仏《じこうぶつ》、無称光仏《むしょうこうぶつ》、超日月光仏《ちょうにちがっこうぶつ》で、皆、阿弥陀仏が放つ光明の広大無辺にして功徳円満たるをたたえているものですが、この歌は、それらのうち特に、無碍光仏を意識して詠まれたものでしょう。

太陽の光は、地球上の命を育みます。地球にとって太陽は、なくてはならない存在です。特に朝日のまぶしさや温かさは、今日一日を過ごすエネルギーを与えてくれます。希望に満ち溢《あふ》れ、私たちを優しく包んでくれます。心の闇を照らし出し、悩みなど吹き飛ばしてしまうが如き輝きを持っています。しかし、そんな太陽でも、朝霞には遮られてしまいます。曇りや雨模様の日には姿すら現せません。娑婆世界では地球上の無限の命を育む太陽といえども、霞には勝てませんが、その霞でも、阿弥陀仏の光明は遮ることができないのです。

日常のおつとめ（勤行《ごんぎょう》）でよく読まれるお経「四誓偈《しせいげ》」（『無量寿経』の一節）の中に、「日月戢重暉《にちがつしゅうじゅうき》　天光隠不現《てんこうおんぷげん》（日月重暉《にちがつじゅうき》を戢《おさ》め、天光も隠れて現ぜず）」とあります。阿弥陀仏の光明の輝かしさは、太陽や月の光をはるかに超え、天の光さえ隠してしまうまぶしさである、ということです。また十二の呼称のうち超日月光仏という名も、太陽や月の光を超越した光の仏、ということを表現しているのです。

何ものにも遮られない阿弥陀仏の光だからこそ、どのような分厚い煩悩に覆い尽くされた凡夫でも、照らし出されるのです。闇に紛れ、物影に隠れていようとも、必ず阿弥陀仏の光明は凡夫《ぼんぶ》に届くのです。

悪業煩悩に覆われ尽くしている私たち凡夫は、遮るものが何もない阿弥陀仏の光明によってのみ、照らされ、救い導かれていくのです。

われはたゞほとけにいつかあふひくさ
こゝろのつまにかけぬ日そなき

（我はただ　仏にいつか　葵草《あおいぐさ》　心の端《つま》に　掛けぬ日ぞなき）

現代語訳

私はただただ、いつの日か阿弥陀仏にお会いすることを楽しみに、物の端に葵を掛けて飾るように、阿弥陀仏への思いを心の端に掛けない日などないことよ。

ひたすらに阿弥陀仏に見《まみ》えることを願い、それを忘れることのなかった法然上人。そのお心が表現された歌といえます。

阿弥陀仏に「会う日」と、「葵」とが掛けてあります。葵草は、古来、京賀茂の祭（葵祭）の際に、桂の枝と組み合わせて飾るものだそうです。葵を何かの端に引っ掛けて飾ることと、常に、阿弥陀仏にお会いしたいお会いしたい、ということを心の端に掛けている心境を詠まれており、技巧的に大変優れているといえましょう。

葵祭が意識されていることなどから、『法然上人行状絵図』ではこの歌に、「夏」と詞書が付けています。また百万遍知恩寺《ひゃくまんべんちおんじ》（大本山＝京都市）の伝承では、同寺の前身であったとされる賀茂[*23]の河原屋で賀茂の祭を見て詠まれた、といわれています。

内容的には、無間修《むけんじゅ》[*24]を詠まれたものともいわれます。無間修とは、隙間なくお念仏する、いわばお念仏の実践面について具体的な方法を提示するものです。常に阿弥陀仏のことを心に掛け、阿弥陀仏にお会いする日を心待ちにし、阿弥陀仏を信じてお念仏する生活の充実ぶりが、この歌には溢れ出ているといえましょう。念仏者の心のありようと、目指すべき日常の理想とするものが表現されているのです。

＊23　京都市を流れる賀茂川寄りの今出川と北大路の間（現在の相国寺辺り）にあった寺堂。大本山百萬遍知恩寺の前身。

＊24　怠け心を起こさず、常にお念仏をとなえること。

あみた仏にそむる心のいろにいては
あきのこすゑのたくひならまし

（阿弥陀仏に　染むる心の　色に出でば　秋の梢の　類いならまし）

現代語訳

阿弥陀仏のことで染まっていく心が、色に表れるというようなことがあるならば、まるで秋の深まりとともに木々の梢が紅く染まっていくようなものだろう。

夏には青々としていた木々が、秋が深まるにつれ、黄色や赤と、さまざまに彩られ染まっていく様子は、大変すばらしいものです。秋の、夕暮れが早くなり、何やら物寂しい雰囲気のなかで、黄色や赤の葉は私たちの心を和ませてくれます。紅葉は燃え立つようにも見え、寒い冬に立ち向かう勇気さえ与えてくれるというものです。

この歌は、念仏によって信心が深まりゆく実感を詠まれたものでしょう。お念仏により生き抜いて、娑婆での縁が尽きたなら浄土に参りましょう、という姿勢のなか、心がだんだんと阿弥陀仏の方に向いていき、やがて阿弥陀仏で心がいっぱいになっていくのだということが、分かり易く詠まれています。前出の「われはたゝほとけにいつかあふひくさこゝろのつまにかけぬ日そなき」の歌に表されているように、「こゝろのつまにかけぬ日そなき」念仏生活の中で、「あきのこするゑ」の如く「あみた仏にそむる心」となるのですから、自信をもってお念仏せねばなりません。

しかし実際の私たちは、お念仏が有り難いなと思ってはいても、お念仏することを忘れたり、心から阿弥陀仏は素晴らしいと思っていても、だからといってお念仏で満ちあふれた生活をしているかといえば、決してそうではありません。ここは素直に反省し、念仏信者の目指すべき態度や心境は、これら二首に詠まれていることであるのだ、と味わっていただきたいと願うものです。お念仏をとなえているうちに、はじめのうちはお念仏を忘れたり、念仏信仰に裏打ちされた日々も送っているとは言いがたくても、やがて阿弥陀仏に方向付けられていくというお念仏の利益《りやく》が、私たちに示されているのです。

ゆきのうちに仏のみなをとなふれは
つもれるつみそやかてきえぬる

（雪のうちに　仏の御名を　となうれば　積もれる罪ぞ　やがて消えぬる）

現代語訳

降り積もる雪の如く重ね続けている罪業も、阿弥陀仏の名をとなえるならば、雪が陽の光に解けるように、すぐに消えてしまうことよ。

雪が積もっていることと、凡夫がはかり知れない昔から今日まで重ねてきた罪が積もっていることを掛けて詠まれたものです。つまり、「ゆきのうちに」というのは、凡夫がまだ罪業を重ねていることを指します。そして、雪のように積もり積もった我が罪も、たとえ罪業をまだやめられない間にでも念仏すれば、たちまち消滅するのです。前に「さへられぬ……」のお歌を紹介した際（50頁）に十二光仏について述べましたが、『無量寿経』上巻には、次のように説かれています。

「このゆえに無量寿仏をば、無量光仏、無辺光仏、無碍光仏、無対光仏、焔王光仏、清浄光仏、歓喜光仏、智慧光仏、不断光仏、難思光仏、無称光仏、超日月光仏と号す。それ衆生ありて、この光に遇うものは、三垢《さんく》消滅し、身意《しんに》柔軟《にゅうなん》なり。歓喜踊躍《かんぎゆやく》して善心《ぜんしん》生ず。もし三塗勤苦《さんずごんく》の処《ところ》にありて、この光明を見たてまつれば、みな休息《くそく》を得てまた苦悩なし。寿《いのち》終わりてののちに、みな解《げ》脱《だつ》を蒙《こうむ》る」（原漢文）

つまり、お念仏すれば阿弥陀仏の光に照らし出され、その光に触れると煩悩が消滅し、身も心も柔軟になり喜びや善の心も生じる、ということです。また『観無量寿経』にも念仏することで罪が滅すると、はっきり説かれており、法然上人はこの歌にその心を詠まれたものであることは明らかです。

積もった雪が消えるには時間もかかるし、解けない万年雪もあります。しかし阿弥陀仏の光明は、私たちの積もった罪をたちまち消し去るはたらきを持っています。念仏をとなえて阿弥陀仏の光に触れ、我が罪を消し去っていきたいものです。

かりそめの色のゆかりのこひにたに
あふには身をもをしみやはする

（仮初めの　色の縁の　恋にだに　逢うには身をも　惜しみやはする）

現代語訳

かりそめの一時的な感情の恋愛においてさえ、いとしい相手に逢おうとする際に、自分の身を惜しむことなどあるだろうか（いや惜しまない）。

『法然上人行状絵図』には、この歌に「仏法《ぶっぽう》に逢ひて身命《しんみょう》を捨つといへる事を」という詞書が付いています。生まれ難い人の世に生まれ、人としての身体を受け、様々な価値観の中から、逢い難い仏教に出会ったのです。自分の命を惜しまず、教えを求めようという、不惜身命《ふしゃくしんみょう》、強い決意の歌といえましょう。

いっときの熱情からの恋愛においてさえ、この身を惜しまず、相手に逢おうとするではないか、まして仏法を求めること、このことに命を掛けずに何に命を掛けるというのだ、と。仏道に対する法然上人の志の本当に力強いことです。

『黒谷源空上人伝』（十六門記）という伝記には、法然上人の言葉として、「浄土宗の学者は先此旨《まずこのむね》を知《しる》へし。有縁《うえん》の人の為には身命財《しんみょうざい》を捨《すて》ても偏《ひとえ》に浄土の法を説《とく》へし（浄土宗を学ぶものは、まず第一にこの趣旨を理解しましょう。縁のある人のためには、身体や命や財産さえも捨て去って、ただひたすら浄土門（念仏）の教えを説きましょう）」ということが記されています。

一心に浄土往生の教えを求め、命を賭してそれを人に伝えられた法然上人のお姿を確認できます。この歌は、教えを説く以前に、仏法を求めることに命を掛けよ、というお示しと受け取れます。心せねばなりません。

それにしても、恋愛において相手に逢うことにこの身を惜しまない、と詠まれる法然上人は、なんとも艶《つや》っぽく、人間くさいことです。娑婆にうつつをぬかし、煩悩にさいなまれて汲汲《きゅうきゅう》としている私たちの気持ちを本当によくお分かりいただいているように思います。

極楽へつとめてはやくいてたゝは
身のおはりにはまいりつきなん

（極楽へ　つとめて早く　出《い》で発《た》たば　身の終わりには　参り着きなん）

現代語訳

（旅は早朝に出発するもの、といわれるように）極楽への旅においても念仏と少しでも早く縁を結んで、精進の念仏者となれば、この身の命が尽きるときには往生できることであろう。

古来、旅立ちは早朝に出発するのが習いだといいます。極楽への旅立ち、すなわち念仏との出会いは、もちろん、早ければ早いほどよいということでしょう。さらに、早朝の意の「つとめて」と、精進する「努めて」を掛け、娑婆世界での念仏生活が、精励であるべきことをも詠み込んでありいます。

念仏に精励であることについて、「念仏に勇みある」という表現がなされます。『法然上人行状絵図』第四十五巻に、遠江国《とおとうみのくに》（現在の静岡県西部の大井川以西）

の蓮華寺に禅勝房《ぜんしょうぼう》[*25]という、法然上人の有力なお弟子の一人が紹介されますが、この禅勝房が上人に質問したことに対する返答の中に、「念仏にものうき人は無量のたからを失《うしなう》べき人なり。念仏にいさみある人は無辺のさとりをひらくきき人なり（念仏するのを面倒がる人は、量り知れないほどの宝を失う人であり、念仏することに心が進む人は、限りない悟りを開く人である）」とあるのが有名です。この部分の表現は『法然上人行状絵図』ではじめて付け加えられたものですが、「念仏に勇みある」といった言い回しは『和語灯録』などにも見られますので、念仏生活に精励であれ、ということを法然上人が勧めているのは間違いありません。

その意は、『法然上人行状絵図』に「生けらば念仏の功つもり、死なば浄土にまいりなん」（70頁）と示されるものに通じます。要するに、お念仏に出会い、浄土教の信仰生活に入ったならば、それ以降はただひたすらお念仏に精を出し、やがて臨終には浄土へ参ろう、ということに尽きるといえましょう。

特に注意したいのは、「身のおはりにはまいりつきなん（この身が尽きるときには往生できることであろう）」と詠まれていることです。あくまでも、「死

---

*25　1174-1258　比叡山で学んだ後、29歳で法然上人に師事。信心の深いことで知られた。

なば浄土にまいりなん」というのが法然浄土教思想の特徴といえるのです。

すでに述べましたが（45~46頁）、法然上人は三昧発得《さんまいほっとく》されていますし、その上人は善導大師[*26]を三昧発得の師として仰いでいます。しかし三昧が得られたのは「不求自得（求めずしておのずから得られる）」であり、往生するために三昧発得が必要条件なのではありません。三昧発得が実現すれば、正に極楽往生が確信されるわけですから、疑い深い凡夫にとってはその実在が示されるという点で、無意味なことではありません。しかし、発得できなければ往生できない、ということでは決してないのです。もしそれが必要とされるなら、念仏行は私たち凡夫にとって「難行《なんぎょう》」となってしまいますし、三昧が実現される能力があるならばお念仏でなくても冥想して悟りが得られるということでしょう。

得られようが得られまいが、見えようが見えまいが、ただひたすら、平生《へいぜい》からお念仏することが大切なのであり、その平生のお念仏によって、最期臨終に際し、阿弥陀仏が来迎してくださることを、心から願うのみです。

自分は冥想もままならない愚かな凡夫である、と心から反省と自覚をし、命終の後は必ず極楽に参り着くということをしっかり心にすえて、日々お念仏に

＊26　613-681　中国唐時代に、長安を中心にお念仏を広めた僧。法然上人は、大師の著書『観経疏』を拝読している中に、お念仏の教えの間違いないことを確信し、さらには夢に現れて教示を受けた（夢中対面）ことにより、浄土宗を開く決心をしたという。浄土宗高祖《こうそ》と仰ぐ。

励みたいものです。

阿みた仏と心はにしにうつせみのもぬけはてたるこゑそすゝしき

（阿弥陀仏と　心は西に　空蝉の　もぬけ果てたる　声ぞ涼しき）

現代語訳

「南無阿弥陀仏」と念仏をとなえる私の心は、もはや西方極楽浄土にあり、それはまるでセミが殻から抜け出したようで、一心に念仏する声は何ともすがすがしいことよ。

凡夫はお念仏していても、常に思いが散り散りに乱れています。そういう乱想の凡夫もその身そのままでお念仏すればよいとするのが、法然上人の説く教えです。しかしながら信心が深まると、凡夫でありながらも常に阿弥陀仏や極楽が心に掛けられ、妄想余念雑念など入りこむ余地が徐々になくなる、そういう状態を歌に詠まれたのでしょう。

法然上人は、「源空はすでに得たる心地《ここち》にて念仏は申《もうす》なり（私、源空は、すでに極楽への往生が得られた心境で、お念仏を申しています）」（『法然上人行状絵図』第二十一巻）と、常々おっしゃっていたといいます。まさにこの意を表現しているといえましょう。「得たる心地」ということに関して、「十二問答」には「すでに往生したる心《ここ》ちして」（『和語灯録』第四巻）とあります。「十二問答」は、親鸞聖人《しょうにん》自筆と見られる『西方指南抄』や、『法然上人伝記』（醍醐三宝院蔵）にも同内容のものが所収され、いずれの文献も信頼性という点で非常に重要な書物です。「得たる心地」「往生したる心ち」は法然上人の常のお言葉として、味わい深いことです。確固たる信念、往生の確信、いわゆる決定往生心を述べられた表現であり、私たち浄土宗僧侶をはじめ、念仏信者にとって重要なキーワードといえましょう。

　娑婆世界には苦痛が満ち満ちています。煩悩にさいなまれ、思い通りにならないことを理不尽と受け止め、なかなか苦痛から抜け出すことはできません。しかしお念仏によって、空蟬《うつせみ》のように娑婆世界に存在しながらも、すがすがしくお念仏がとなえられることが期待できるといえましょう。

往生はよにやすけれとみなひとの
まことの心なくてこそせね

（往生は　世に易けれど　皆人の　誠の心　無くてこそせね）

現代語訳

極楽に往生することは本来、世にもた易いことであるのに、往生できない人は皆、誠の心がないから、しないのである。

詞書に「三心《さんじん》[*27]の中の至誠心《しじょうしん》の心を」とあります。至誠心とは、念仏者が具えるべき心持ちである三心（至誠心、深心《じんしん》、回向発願心《えこうほつがんしん》）の第一心で、真実心と言い換えられます。真実の心でもって往生を願うことが求められています。

「往生」は、法蔵菩薩の誓願であり、その行が成就して阿弥陀仏となられたのですから、私たちが煩悩具足の凡夫であって、戒律を正しく守ったり禅を組んで精神統一をするといった成仏の要件がそろってなくとも、お念仏すれば阿弥陀仏の本願力《ほんがんりき》によって往生します。したがって、衆生に対して自力で悟りを

*27　お念仏をとなえて浄土往生を目指す人の心のあり方。至誠心（真実の心で往生を願う）、深心（自身の至らなさを深く認識し、もはや阿弥陀仏の救いにあずかるしかないと信じきる）、回向発願心（強く往生を願い、あらゆる善行を往生のために振り向ける）の三。法然上人は、お念仏をたゆまず続けていくうちに、三心は自然に具わってくると説いた。

開くことは求めません。衆生は、阿弥陀仏の極楽浄土に往生したい、と心から願ってただひたすらお念仏するのみです。

その理屈自体は簡単で、実践もた易いことであるように見えますが、人の心は複雑です。いかにも念仏者よ、と体裁だけ整えていても、本心はそうでない人も多いでしょう。口では「お念仏すれば極楽に往生しますよ」と説いていても、その本人が、実はそれを信じていないということも聞きます。

「現代人に極楽をどう説くか」と質問をうけることがありますが、科学万能の時代に育った現代人には、「極楽」を説いても受け入れられにくいので、うまく言い換えられないだろうか、ということなのでしょうか。その裏には「教義をねじ曲げてでも」という思考が潜んでいます。結局、自分自身が信じられていないということの裏返しにも思えてなりません。

現代に育った自分自身が信じられていないことを棚に上げて、つまり、信じられてないことの罪を「現代」になすりつけて、あれこれ詮索しているのではないでしょうか。反省したいものです。

法然上人のような、ありとあらゆる教えを学んだ方が、これしかないと受け止められたお念仏さえ信じられないぐらい、私たちは傲慢で愚かになっている、と深く心に刻み込むべきです。ただひたすら阿弥陀仏の本願を信じお念仏したいと思います。

いけらは念仏の功つもりしなは浄土へまいりなん とてもかくてもこの身にはおもひわつらふ事そなき

（『法然上人行状絵図』二十一巻）

（生けらば念仏の功つもり　死なば浄土へまいりなん
とてもかくてもこの身には　おもいわずろう事ぞなき）

現代語訳

生きているならば念仏の功徳を積み、死んだならば浄土に往くことができるでしょう。（それを確信したならば、生きようが死のうが）いずれであってもこの身には、（あれこれと）思い煩うことなど全くありません。

これは、『法然上人行状絵図』にしか見られないもので、二十一巻では、「常に仰せられける御詞」のなかで紹介されています。「常に仰せられける御詞」は法然上人が常日頃おっしゃっていたお言葉を、三十余り並べたもので、法語として扱われています。二十八巻には、禅勝房に授けられた言葉と記述され、まさに法然上人が常におっしゃっていたことが分かります。

これが、七五調四句の讃文にも見なせ、ちょうど法然上人の時代の流行歌、今様にも近いことから、お歌としてとらえています。

「はじめに」(3〜4頁)でも述べましたが、そもそも和歌の形態は、その発生としての『万葉集』では五七調が基本です。「五七、五七、五七……」と三句以上を連ね、最後に「七」で終わるのが長歌《ちょうか》。その長歌を短く「五七、五七」の二句に「七」で括るのが短歌。「五七七、五七七」の型式が旋頭歌《せどうか》。「五七、五七、七七」の型式が仏足石歌《ぶっそくせきか》。これらの形態で歌われた日本語の歌を、全て、和歌と呼びます。それが『古今和歌集』では、短歌が多く詠まれ、和歌といえば短歌を指すようになります。『万葉集』では「五七、五七、七」の区切りが、『古今和歌集』では「五七五、七七」という区切りに変化、「五」で収まる心地よさから七五調の歌が主流になります。

貴族は恋愛の感情を歌に詠み、それらは嗜《たしな》みとなり、さらに遊びとなり、連歌、歌合《うたあわせ》などに発展します。そうしたなかで、「七五、七五、七五、七五」と、七五調四句で完結する今様《いまよう》という歌が詠まれ、『梁塵秘抄《りょうじんひしょう》』で完成を見ます。その成立は一一八〇年頃といわれ、法然上人の時代に一致します。『万葉集』や『古今和歌集』といった、和歌の形式にとらわれない歌として流行しました。要するに、「いけらば念仏」のお言葉は、七五調四句を満たす今様として、法然上人が時代の流行になぞらえて詠まれた和歌ということができるのです。お念仏のありようを、歌として常に口ずさんでおられたお姿が目に浮かびます。

一般的に私たちは、「死ぬ」ことが自分の人生の最大関心事でしょう。「死ぬ」ことで全てが終わるのであり、また死んだらどうなるのかわからないからこそ、恐ろしかったり、不安な感情を抱きます。そしてできるだけ死から遠ざかり、いずれ死すべき存在ではあるけれども、できるだけそれが先であるように、また死ぬその日までできる限り元気であることを望んでいます。それは生きていることが意味のあることであって、死ぬことは無価値なもの、と考えていることになります。

しかし、浄土教においては心配ありません。生きている今、お念仏していれば、間違いなく阿弥陀仏が、臨終の時には私の目の前に迎えに来てくださって、極楽浄土に連れていってくださるのです。つまり、死で全てが終わるのでなく、阿弥陀仏の世界に往生するという有意義な価値観を得ることとなり、生きていることが良いことで死ぬことは良くないことというそれまでの価値観でなく、生きることと死ぬことが同等の価値であるということをもたらせるのです。

お念仏に出会い、往生できることが確信されると、死後に対する安心感と共に、死ぬその日までの生きる時間にさえも意義を与えてくれる、これこそ、この歌の真意と言えましょう。死んでよし、生きてよしという法然上人のお姿に近付きたいものです。

コラム1

一戒をもたもたず

法然上人は「一戒をもたもたず」と吐露されています。

一つの戒も守れない、というようなことは本来、仏教者として自分で認めることではありません。例えば、在家（一般の信者）に課されるもっとも基礎的な戒である五《ご》戒《かい》すなわち、不殺生《ふせっしょう》（殺さない）、不偸盗《ふちゅうとう》（盗まない）、不邪淫《ふじゃいん》（よこしまな関係にならない）、不妄語《ふもうご》（嘘をつかない）、不飲酒《ふおんじゅ》（酒を飲まない）が、私たちに「守れるか」と問われれば、守らなければならないものですから、「守れます」と答えるでしょう。しかし私の場合、「不殺生」「不偸盗」「不邪淫」については何とか守れたとしても、「不妄語」「不飲酒」については自信がありません。それでも僧侶の私は、問うた人に対して、僧侶という立場から、「それぐらいの基礎的なものについては守っている」と言うでしょう。見事に「不妄語」に引っかかります。

私たちは現実の生きざまにおいて、命は大切にしよう、人のものを盗んではいけません、人としての道からはずれたことはすべきではありません、嘘をついてはいけません、お酒は飲みすぎないように、と言っていますし、そうありたいと願っています。しかし、実際にはすべてを完璧に守れるものではありません。でも三つほどは守れているし、だから、反省して他も守れるように、という気持ちでいる、よって、だいたいは守れている、といった程度に考えているものです。では、法然上人がおっしゃる「一戒も守れない」とはどういうことでしょうか。

私たちは、法然上人は気高い聖僧であり、人々から尊崇《そんすう》され、慕われて、人に悪態もつかず、何を言っても受け入れてくださって、いつも優しい眼差しで見守ってくださる、そんなイメージを持っています。だから法然上人は、戒を破るようなことはなさらないし、いつも穏やかで清貧で、心が澄んでいるのだと思っています。

しかし法然上人はご自身を省みる目が非常に厳しいのです。正直に、真面目に自分と向き合うことは、どんなに辛いことでしょう。努力して、苦労して、辛抱して煩悩を排除し、戒を守り心整えた時、煩悩に阻《はば》まれて目の前にあったけれど気づけなかった真理、真実に気づくことができる、そういう道筋はすでに仏教によって明らかになっている、つまりその道筋通りに歩めば悟りに到達できるのに、その自分が、一つの戒も守ることができない、と自分を偽らずに見つめることができるでしょうか。普通の人ならば、多少のことには目をつむり、自分を偽って、「これぐらいでよい」と甘く自分を許すのではないでしょうか。法然上人は、僧侶として守るべき戒を一つも守れない、と認めたのです。

不殺生、不偸盗、不邪淫、不妄語、不飲酒といった具体的な破戒行為を、実際に法然上人がされた、ということではおそらくはないと思います。しかし、武士の子として生まれた法然上人は、父が殺されたとき、自然の流れとして仇討ちを志し、一旦は、敵を殺すことを心に決められたことでしょう。また出家し、仏道修行した長い年月の合間には、ある時は故郷を思い、ある時は両親に思いを馳せ、ある時は自分の運命を呪い、ある時は敵を心の中で殺したに違いありません。自分の胸に渦巻く負の感情に押し殺されることだってあったでしょう。

そうした自分のあることは誰しも認められます。そうであっても多くの人は、現実の立場や状況で自分を装って生きていますから、たとえ心で相手を罵《ののし》っても、顔では笑い、口では丁寧に話しているでしょう。憎い相手を殴ったり殺す想像をしたことがあっても、実際にはやらずに普通を装ってその人に接しているものです。

そんな、行為としてなしたわけではない、心に渦巻く負の感情さえも含めて、法然上人は「一戒も守れない」とおっしゃっているのです。

2 法然さまのご生涯

1　誕生と、失意の子ども時代

時は長承《ちょうしょう》二年（一一三三）、ところは美作国久米郡久米南条稲岡荘《みまさかのくにくめぐんくめなんじょういなおかのしょう》（今の岡山県久米南町）、のちに日本仏教に大変革をもたらすことになる一人の男の子が生まれました。四月七日のことです。名は勢至丸《せいしまる》。押領使《おうりょうし》の漆間時国《うるまのときくに》を父とし、母は養蚕をことととする渡来系の豪族、秦氏《はたうじ》の末裔《まつえい》といわれます。押領使はその地方の治安を維持する役目で、漆間家は仁明《にんみょう》天皇に連なる武士の名家。勢至丸は武士の子としての十分な教育を受け、また彼もそれを十二分に吸収し、すくすく育ちました。

九歳の時、対立勢力であった預所《あずかりどころ》、明石源内武者定明《あかしげんないむしゃさだあきら》の夜襲に遭い、その傷がもとで父は命を落とします。死せんとする枕辺で聞いた父の言葉は、驚くべきものでした。

武士の子として成長した勢至丸にとって、夜襲という不意討ち、いわば卑怯《ひきょう》な手段で父がやられたからには、何としても仇討《あだう》ちを遂げなければならなかったはずです。周りの人もそう考え、何より勢至丸本人がその決意を持ったに違いありません。しかし父が口にした遺言は、「敵を恨むな、恨みの連鎖を断て、出家して父を弔い、自分の解脱《げだつ》を求めよ」というもの。武士の世界で仇討は至当であり、子としては父への孝養となり、本懐《ほんかい》を遂げれば賞賛を受ける誉れ高い行為であったのに、一番悔しい

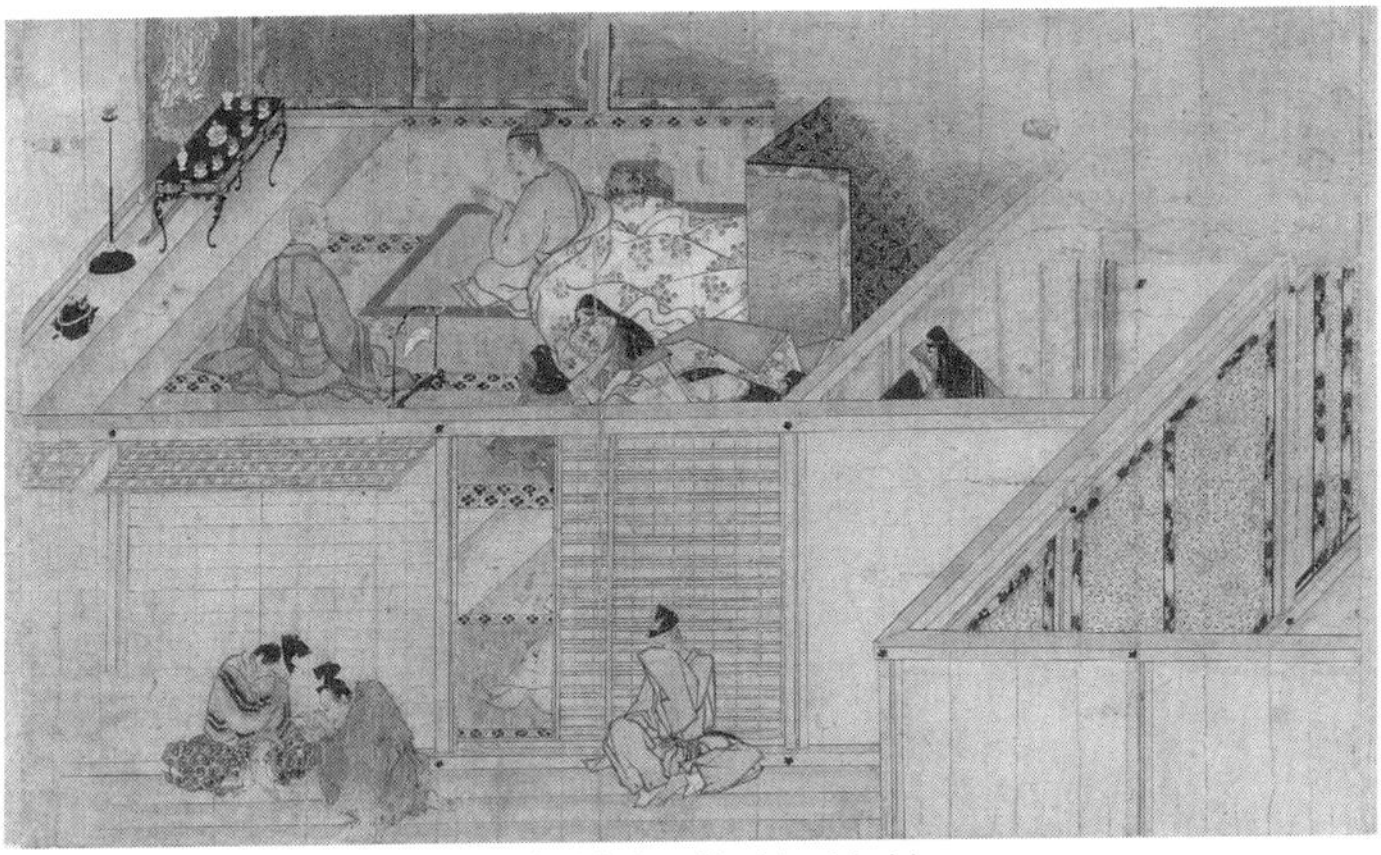

時国（中央上）の臨終を悲しむ時国夫人と勢至丸（中央）
（国宝『法然上人行状絵図』巻１　知恩院蔵）

であろう父本人の口から仇討ちを断念させる言葉が出たのです。勢至丸の受けた衝撃はいかばかりだったでしょうか。

しかしまさにこの出来事が、浄土宗を開く「法然」を生み出し、絶望にも値したこのことこそは、少年勢至丸から念仏者法然に一貫する精神的源泉といえましょう。すなわち、法然上人から人々へ向けられた「救済」は阿弥陀仏の光明によるものでありますが、何よりも法然上人が阿弥陀仏の光明に照らし出されたのであり、照らし出される原点は、この理不尽な娑婆《しゃば》世界において絶望することから始まったのです。

理不尽といえば、定明にしてみれば、追い討ちをかけて漆間家を根絶やしにしておかねば自分が仇討ちされる恐れがあり、枕を高くしては眠れません。勢至丸は、敵にとっては討ち漏らした漆間家の男子、再度襲撃される可能性がありました。武士の世界の常識とは何と理不尽なことでしょう。そこで勢至丸は、母の弟のもとに身を寄せます。そこは叔父、観覚《かんがく》が住持していた菩提寺《ぼだいじ》という寺。漆間家の館から北東へ四十〜五十キロの山あいにあり、追い討ちから身を隠すにはふさわしいところです。

おそらくは不本意ながら、父の遺言もあって勢至丸は、やがて寺の生活に馴染み、学問に取り組む中、次第に頭角を表します。そのセンスの良さを観覚が見抜いて、当時の学問の最高峰、比叡山への進学を勧めます。

もちろん、偉人の伝記ですから多少、褒《ほ》め讃えている部分が大袈裟に書かれていると考えるべきところですが、法然上人は後々に自分のことを述懐する際、書物の始めの部分を読めば、だいたい何が書いてあるのか分かる、そういう才能があるということを述懐しています。それを考え合わせれば、あながち大袈裟ではなかったかもしれません。

何れにしても、観覚の勧めで、当時の最高学府であった比叡山延暦寺へと道が開けていくことになりました。

2　希望と絶望の比叡山

比叡山延暦寺は、伝教大師最澄《でんぎょうだいしさいちょう》が開いた天台宗の総本山です。最澄は国費留学生として一年間中国に渡り、天台、密教、禅、戒律を学んで日本に帰ってきて、比叡山に延暦寺を開創、天台宗を開きました。その後、慈覚大師円仁《じかくだいしえんにん》も留学して浄土教思想を持ち帰り、以後、比叡山は、もともと日本にあった法相《ほっそう》、三論《さんろん》、華厳《けごん》、倶舎《くしゃ》、成実《じょうじつ》、律に加え、天台教学、密教、禅、戒、浄土教思想をも学べる、仏教の総合大学という様相を呈する場となっていたのです。

学問の才を見出された勢至丸が、当時の学問の最高峰に行くことを勧められるのは、当然の成り行きだったかもしれません。

比叡山は、三塔十六谷で構成されます。三塔とは、東塔《とうとう》、西塔《さいとう》、横川《よかわ》といい、それぞれに谷があり、それが区域の名前になっています。

比叡山に登った勢至丸は、まず西塔北谷《きただに》の持宝房源光《じほうぼうげんこう》を訪ねます。源光と旧知であった観覚は、勢至丸に手紙を託しました。そこには「進上大聖文殊像一体《しんじょうだいしょうもんじゅぞういったい》」とだけ書かれてあったと、伝記は語ります。時候の挨拶や旧知を懐かしむこともなく、現状報告も相手の体調をも気遣うことなく、単刀直

十八歳の秋、西塔の叡空の庵室に隠遁する法然上人
（国宝『法然上人行状絵図』巻３　知恩院蔵）

入に勢至丸の優秀さと大切な甥を託したい気持ちが表れていて、興味深いところです。史実かどうかの学問的検証はともかく、それが端的に表現されていることに意味があるでしょう。勢至丸は、絶望の淵から仏教に希望を見出し、生きることを選び、一族の期待を背負っての比叡山への旅立ちだったといえるでしょう。

源光は、すぐに勢至丸の飛び抜けた才能に気づき、もっといい師につくべきと考えました。東塔西谷《にしだに》功徳院《くどくいん》の、肥後《ひごの》阿闍梨《あじゃり》と呼ばれた皇円《こうえん》の元へ行かせ、そこで正式に比叡山で出家受戒。本来ならここで僧名がつけられますが、法然と呼ばれるのはもう少し先です。いよいよ修行が始まるというとき、勢至丸は皇円に、隠遁《いんとん》したいと申し出ます。勢至丸の出家の動機は父の遺言によるところが大きく、目的は父の供養と自身の解脱ですから、学問を志したとはいえ、大それた何かを成し遂げようなどという意志はなかったのでしょう。しかしその時皇円から、一通り学んだ上で考えよと諭され、天台教学の根幹を学ぶことになりました。

足掛け三年で、『法華玄義《ほっけげんぎ》』『法華文句《ほっけもんぐ》』『摩訶止観《まかしかん》』の天台三大部三十巻と、それらの注釈書『法華文句記』三十巻、『法華玄義釈籤《しゃくせん》』二十巻、『止観輔行伝弘決《しかんぶぎょうでんぐけつ》』四十巻を読破したともいわれ、天台教学の全てを学んだ上で勢至丸は隠遁に向かうことになりました。

比叡山には、三塔十六谷に数えられない別所《べっしょ》と呼ばれる場があります。西塔には黒谷という別所があり、そこで慈眼房叡空《じげんぼうえいくう》という、良忍から正式に円頓戒《えんどんかい》を受け継いだ、比叡山でも高名な僧がいました。名利栄達を求めずひたすら真面目に仏道を目指す僧侶が、叡空を慕い、修行していたのが黒谷という場だったのです。勢至丸は当初の隠遁したいという目的のままにそこに赴き、それまでの経緯を叡空にすべて話しました。それを聞いた叡空は、「まことに法然道理の聖《ひじり》なり」と喜んだといいます。叡空について今一度戒を受け、法然房源空と名付けられました。比叡山を初めて訪ねたのが源光であり、源光の「源」と叡空の「空」をいただいての命名です。この時、法然上人は十八歳であったろうと考えられています。

志《こころざし》通りの場を得た法然上人は、いよいよ一心に修行に励みます。すでに天台教学の全てを学び終えていた法然上人は、仏教全てを学びの対象としたようです。比叡山は当時の仏教を全て学べる最高峰ですから、法然上人にとってはふさわしい場であるといえましょう。しかし上人は、書物で把握することはできても、何かしら腑に落ちないものがあったとみられます。特に、法相、三論、華厳については、それぞれ南都仏教（奈良時代の都、奈良に興隆した仏教）に専門家がいるので、書物のみでは疑問に残るところを直接専門家に聞きに行きます。これも特別なことでなく、自分が何かしら専門的なことについて疑問があり、それについてその専門家が近くにいれば、自ら聞きにいきたくなるのは我々にもあり得ることでしょう。ところが法然上人はこの時、訪ねた先から褒められこそすれ、自分に対し何も示唆的な収穫がなかったことを、「よろずの智者に求め、諸々の学者にとぶらいしに教うる人もなく、指し示す輩《ともがら》もなし」と述懐し、その後、「なげきなげき経蔵《きょうぞう》に入り、悲しみ悲しみ聖経《しょうぎょう》に向《むか》いて……」と続けます。

実にこの「なげきなげき経蔵に入り、悲しみ悲しみ聖経に向かいて」という一節に二十年の歳月が凝縮されています。これがまさに法然上人の絶望を表しています。法然上人の永遠の課題ともいうべきことは、仏教において自分が解脱し、父の供養をすることです。この「自身の解脱」という呪縛から一歩も踏み出せない、ということが法然上人の大きな課題となるのです。

仏教には「八万四千《はちまんしせん》」ともいわれる、膨大な数の法門があるといわれます。しかし法然上人は、それら八万四千の法門の全てが、突き詰めると戒《かい》と定《じょう》と慧《え》にまとめられる、と喝破《かっぱ》します。そして自分は、戒を守ろうと思っても一つも守れないし、心を整えて物事を正しく判断しようと思っても一瞬たりとも心が落ち着くことがない、そういった現実の自分の姿に愕然とします。法然上人は、何ら自分をごまかすことなく、人の目も気にせず、率直に自分を見つめました。それは恐ろしいほどの告白と言っていいでしょう。

そして、すべての仏教が、戒と定と慧であると見抜いた法然上人は、自分について、一つも守れない戒、少しも定まらない心、と自覚したということは、仏教において「自分は見放された存在である」ということを自覚したともいえましょう。逃げられない運命ともいえる寺との縁、父の遺言としての仏教への道、出離《しゅつり》解脱を目指さなければいけない定め、そういう立場でありながら、戒を守れない、という自覚は、絶望と言っていいでしょう。この絶望が二十年続くのです。父の遺言、仏道修行に、ごまかすことなく真摯に向き合えば向き合うほど、その絶望のより深いところへと入り込む、そんな人生を比叡山で過ごされたといえるのです。

その長い長い絶望のまま、四十三歳の承安《じょうあん》五年（一一七五）を迎えます。

なげきなげき経蔵に入り、悲しみ悲しみ聖経に向かいて、手ずからみずから開き見し……。

法然上人は、そう述懐されているので、何かに導かれるが如くといえましょう。手当たり次第、気持ちの赴くままに経典や論疏《ろんしょ》を読み漁《あさ》り、戒が守れない、心定まらない自分に耐えられる修行を探し求めて、ようやく得たのが善導大師の『観経疏《かんぎょうしょ》』散善義《さんぜんぎ》の一節、

一心専念弥陀名号《いっしんせんねんみだみょうごう》　行住坐臥不問時節《ぎょうじゅうざがふもんじせつ》　久近念々不捨者《くごんねんねんふしゃしゃ》　是名正定之業《ぜみょうしょうじょうしごう》　順彼仏願故《じゅんぴぶつがんこ》

という文でした。

すでに阿弥陀仏が、戒を守れないような、心整わないような人でも仏道に向かえる方法、すなわちお念仏を用意してくださっている、ということが示されている、それを善導大師によって気づかされたのです。自分のような一戒も守れない者にこそ、阿弥陀仏は手を差し伸べられている、ということに気づかれたのです。長い長い絶望の底に放たれていた法然上人が、阿弥陀仏の光に触れられた瞬間でした。法然上人の絶望は、希望へと転換されたのです。

3　専修念仏者

法然上人は以後、比叡山でのあらゆる修行実践を捨て、ひたすらお念仏だけをとなえる「一向専修《いっこうせんじゅ》念仏《ねんぶつ》」の人となったのでした。

比叡山を下りた法然上人は、東山吉水《よしみず》の地（現在の京都・総本山知恩院あたり）を拠点に、自分が実践する専修念仏の、仏教全体からみた位置づけや、その正当性を立証することに心を注ぎます。そしてお念仏に励みつつ研究に没頭する静かな生活の中でも、法然上人を慕って人々が集うようになりました。『法然上人行状絵図』には法然上人の庵に集う様々な階層や職種の老若男女が描かれています。

そんな法然上人を一躍有名にしたのが、大原問答《おおはらもんどう》です。南都《なんと》（奈良）、北嶺《ほくれい》（比叡山）の、当時高名だった僧侶が法然上人を大原の勝林院（京都市左京区）に招き、上人の説く念仏がどのようなものかを確認する、現代の公開討論会のような催しがありました。巷《ちまた》で念仏を説く比叡山出身の法然という僧が話題なので、その念仏がどのように説かれているのか聞いてみようという意図があったかもしれません。

この世でさとりを開こうとする教え（自力聖道門）と、お念仏をとなえて極楽浄土への往生をめざ

大原勝林院で南都・北嶺の学匠と問答する法然上人
（国宝『法然上人行状絵図』巻14　知恩院蔵）

す教え（他力浄土門）はどちらが優れているか——が焦点でした。上人を招いた側の僧侶は、前者を優位とする立場をとっていましたが、法然上人はこのように説きました。

「いずれの教えも利益《りやく》は大きいが、今の時代、私のような資質が劣った人間には、聖道門は困難で、浄土門こそ、誰もが救われる教えである」

これを聞いた僧侶らは皆、納得したということです。結果、法然上人は、南都北嶺の学匠《がくしょう》から認められることとなり、さらには、高名な学匠たちと付き合いのある貴族からも、法然その人の存在が認知されることとなったのです。

専修念仏者となった法然上人には、絶望から希望に満ちた人生が開かれました。それは、お念仏すれば極楽往生が確実であるから、この娑婆世界で何があったとしても、それらはどれもかりそめの出来事である、と捉えることのできる深い信仰心に裏打ちされた、強い力によることでした。

その強い力はどこから出てくるのでしょう。そこには法然上人の宗教体験がありました。

4　三昧発得による確信

法然上人は専修念仏者となってからは、自分のような愚かな者は、念仏によってしか救われない、との思いで、阿弥陀仏にすがる念仏の日々を送ります。それは「阿弥陀仏の本願を信じることでしか救われない」という悲壮な心持ちです。そしてその法然上人の信仰における生命線は、善導大師が三《さん》昧《まい》発《ほっ》得《とく》されているという、そのことにこそありました。三昧発得とは、念仏する中で自分の身の回りが極楽浄土となったり、阿弥陀仏にあいまみえる宗教体験です。

私たちは平生にお念仏をとなえていれば、臨終のとき阿弥陀仏がお迎えに来てくださるので往生できます。しかし、心の片隅では、「極楽浄土は本当にあるのか」、「阿弥陀仏は本当におられるのか」、と疑う心があるのも否《いな》めません。法然上人は、自分に残された道はこれしかない、という深い信心で、四十三歳の時、善導大師の『観経疏』により、いわば書物を理解する形で専修念仏に到達されました。しかしそこには、悲壮感漂う深い信心ではあるけれど、本当にこれでよいのか、という気持ちもあったはずです。その気持ちを補ったのは、善導大師が三昧を発得されている、ということだったといえます。そう、法然上人は、善導大師が阿弥陀仏の真実性、極楽浄土の真実性を三昧発得という形で述

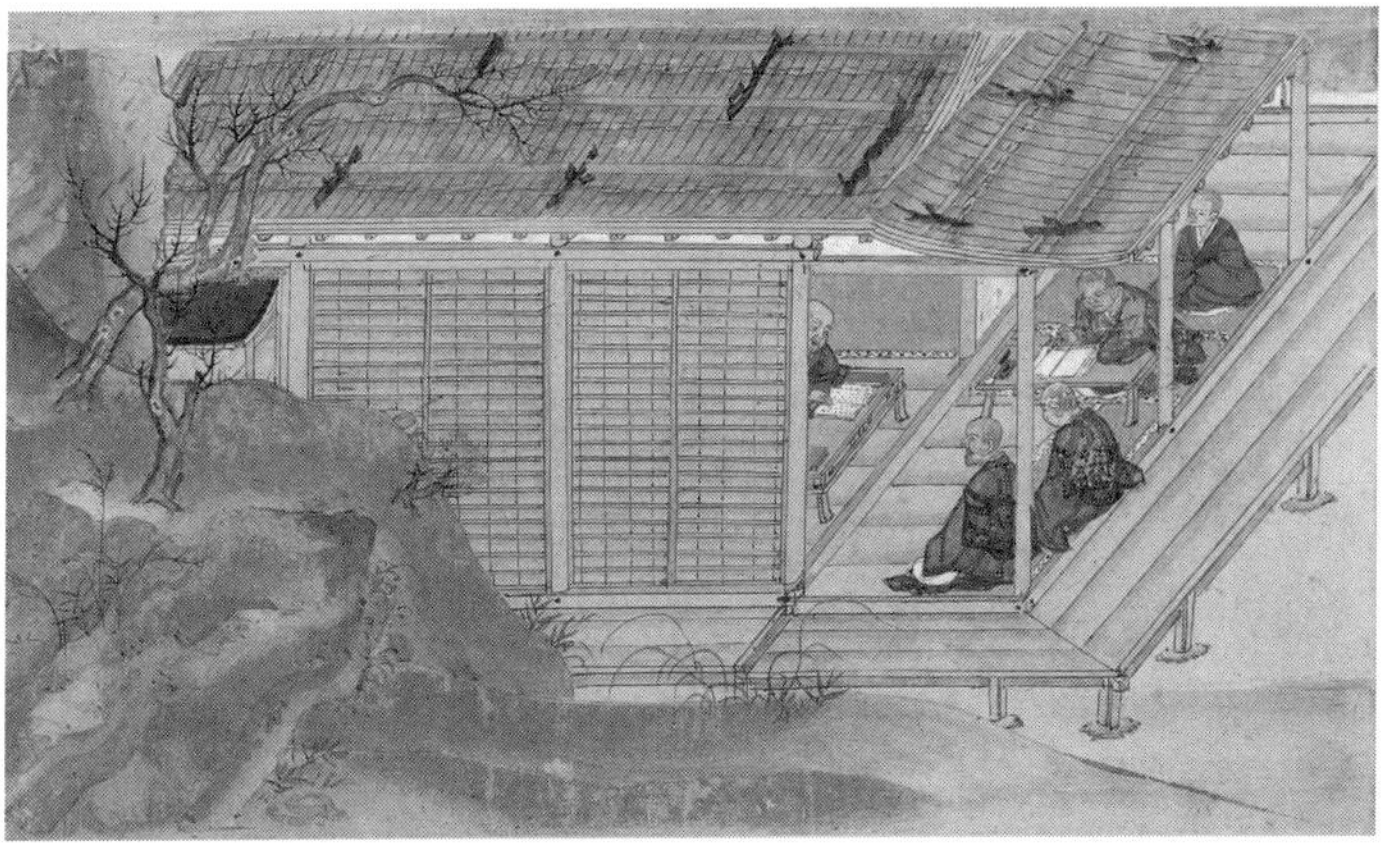

九条兼実のために『選択集』を撰述する法然上人
（国宝『法然上人行状絵図』巻11　知恩院蔵）

べられていると理解し、「念仏すれば往生できる、これでよい」と心に決められたのです。

法然上人の三昧発得は建久九年（一一九八）に訪れます。六十六歳。まさに上人自身が阿弥陀仏と極楽浄土の真実性を受け止められたのです。念仏すれば極楽に往生できるのは間違いのないこと、真実であることを確信されたのです。

この確信こそ、法然上人の強い力を生み出したといえましょう。そしてその確信が、教義書『選択本願念仏《せんちゃくほんがんねんぶつ》集《しゅう》』の執筆へとつながります。執筆の直接的動機は、法然上人の帰依者であった九条兼実の要請によるものですが、四十三歳で専修念仏者となった法然上人がなぜすぐに、もしくはいずれかの段階で教義書を書かれなかったか。それは、悲壮感漂う深い信心の中にも、本当にこれでよいのか、という気持ちがあったからです。そして、法然上人が三昧発得で阿弥陀仏と極楽浄土の真実性を確信されたからこそ、さらにそのタイミングで兼実が要請してくれたからこそ、書物にすることに踏み出された、といえるでしょう。

四十三歳から六十六歳は自信、すなわち自分が信じて念仏する時代、六十六歳から往生されるまでは確信、すなわち、阿弥陀仏と極楽浄土の真実性に基づいて念仏する時代。この四十三歳から、往生される八十歳までの専修念仏者の間に法然上人はお歌を詠まれたと考えます。

学問上、どの歌をいつ詠まれたのか判明しているものは少ないですが、「こくらくも〜」(14頁)、「あみた仏といふよりほかは〜」(14頁)、「いかにして〜」(17頁)は流罪の折とすれば七十五歳の時。「不浄にて〜」(21頁)は、「弘願本」の伝記記述の順番を信じるならば、二祖聖光上人が法然上人の教えを受ける記述の次に記載されているので、建久八年(一一九七)に聖光上人が法然上人に出会って以降ということになります。「しはのとに〜」(24頁)は、『古徳伝』によれば七十九歳の、箕面から京都にお帰りになり大谷の坊におられた時。「月かけの〜」(27頁)は『選択集』完成後。「阿弥陀仏と申はかりを〜」(45頁)と「阿みた仏と心はにしに〜」(65頁)は三昧発得の歌とみれば六十六歳かそれ以降。「露の身は〜」(47頁)は流罪となり兼実との別れを惜しむときの歌で七十五歳時。特定とまではいきませんが、いつ詠まれたのかがおよそ判断できるものはこれぐらいでしょう。

5　死を乗り越えて

この世での法然上人の信仰の力を表すのが流罪の時の出来事です。

法然上人は晩年、流罪になります。弟子が御所《ごしょ》の女房を無許可で出家させたことにより、弟子は死罪、責任が法然上人にも及び、還俗《げんぞく》させられ四国へ流罪となりました。七十五歳という高齢で犯罪者の汚名を着せられ、それも法然上人が直接罪を犯したわけでもなかったのに、です。法然上人は流罪に処せられることに異を唱えなかったどころか甘んじて受け入れ、その上、地方の人々にお念仏を広める機会を与えられた、とお喜びにまでなりました。さらに、判決が下ってから流罪のわずかな月日さえ、寸暇《すんか》を惜しんでお念仏の教えを説いておられました。法然上人の教団が弾圧されたわけですから、お念仏を説くことが憚《はばか》られる時勢、法然上人に「しばらく法談を止めてはいかがでしょう」と諫《いさ》めた弟子に、法然上人は、「死刑になっても念仏はやめられない」ときっぱり言われています。

法然上人にとっては、お念仏をとなえて阿弥陀仏の極楽浄土に往生することこそが唯一の真実ですから、それ以外のことは、「かりそめ」。たとえばお念仏して死刑になるなら、それこそが間違っているると思っておられたのです。お念仏して犯罪に問われるなら、それは世の中が間違っているのであっ

て、お念仏こそ真実であるのだから、それ以外は、法然上人にとっては間違った価値観、いわば省みる必要のないことがらだったのです。「お念仏こそ真実」という価値観に生きられるからこそ、死刑になっても構わないし、たとえ冤罪《えんざい》であっても、それを晴らす必要もない、むしろ、それに甘んじても、地方へ布教の機会を与えられた、との受け取り方が可能となるのです。現実を生きていくに、なんと力になる信仰心といえましょう。

法然上人の流罪は一年を待たず許されますが、京都に帰ることは許されず、四年間の箕面《みのお》（大阪府箕面市）滞在を余儀なくされます。やがて建暦元年（一二一一）十一月、京都に帰ることが許されました。かつて住んでいた吉水の草庵に帰ろうとしましたが荒廃していたため、九条兼実の弟で時の天台座主《ざす》だった慈円《じえん》の計らいにより、大谷の地（現在の総本山知恩院勢至堂辺り）に住むことになりました。翌、建暦二年（一二一二）を迎えたころから、高齢に旅の疲れも重なり、食欲がなくなり衰弱してきました。三、

臨終の法然上人のもとに阿弥陀仏が来迎し、往生される様子
（国宝『法然上人行状絵図』巻37　知恩院蔵）

四年来耳が遠くなり、視力も衰えていましたが、臨終が近づいているのを悟られたのか、不思議とはっきり見聞きされ、極楽往生のことを熱心に話され、お念仏に励まれました。

信空上人が、「遺跡《ゆいせき》地はどこにすればよろしいですか」と尋ねると、「どこであろうと、人が念仏をとなえているところであれば、そこが私の遺跡である」と答えられ、また二十三日には長年、側に仕えてきた弟子・源智《げんち》上人の願いを聞き入れ、「一枚起請文《いちまいきしょうもん》」を執筆されました。そして一月二十五日正午、阿弥陀如来に迎えられ、安らかに往生を遂げられました。

法然上人の一生は、浄土宗の開祖という意味では歴史に名を残す偉業を達成されたわけですが、その実、絶望と希望が交錯する人生だったともいえましょう。絶望の中に希望を見出す、ということを軸にその人生を見てみると、より身近な法然上人を感じられるのではないでしょうか。

コラム2

病と死への祈り

宿業かぎりありて、うくべからんやまいは、いかなるもろもろのほとけかみにいのるとも、それによるまじき事也。いのるによりて、やまいもやみ、いのちものぶる事あらば、だれかは一人として、やみしぬる人あらん。(『浄土宗略抄』)

このお言葉は、病や死に対して、まったく意に介さない法然上人の姿勢を表しています。病を受けては拝み、死を意識しては祈る、当時の貴族や武士といった権力者たちが、当たり前に加持祈禱《かじきとう》を行っていた時代に、「いのるによりて、やまいもやみ、いのちものぶる事あらば、だれかは一人として、やみしぬる人あらん」(祈ることで病気が治ったり命が伸びるようなことがあるなら、誰が病気になったり死んだりするだろう）と言ってのけるのは、かなり刺激的で勇気のいることでしょう。現在でも延命を願ったり無病息災を神仏に祈ったりすることを考えれば、法然上人の先進性と冷静な判断力に驚きを隠せません。

極楽に往生することこそが真実ですから、娑婆《しゃば》世界での病や死を憂いたり嘆いたりする必要はなく、それに対する祈りは全く無意味ということを示しています。法然上人は、自身の病や死をはるかに超越していたからこそ言えたことでしょうし、またこの世の価値観をはるかに超越しているからこそ、常識的に行われていた加持祈禱の無意味さを明言されたのでしょう。

阿弥陀仏に救済された法然上人のお姿は、宗教信仰によって救済された人間そのものであり、この娑婆世界での全てが終わる死、人間の最大の関心事である死を、完全に乗り越えた法然上人のお姿を確認できるのです。

3 お歌の背景

学問・研究の大切さ

法然上人は次のような言葉を残されています。

上人のたまわく、学問は、はじめて見たつるは、きわめて大事なり。師の説を伝習《でんしゅう》は、やすきなり。(『法然上人行状絵図』第五巻　句読点筆者)

これが本当に上人の言葉かどうかを確認することこそ学問なのでしょうが、それはともかく、「学問（研究）」とは、法然上人のおっしゃる「はじめて見たつる」ことであり私なりにいえば、「未だ解明されていない〈事実〉を解明すること」です。すでに解明された〈事実〉を把握するのは、「学習（勉強）」といいます。法然上人の言葉では「師の説を伝習」に当たります。学習することにより、すでに解明されている事実を知り、その事実がどのような方法によって解明されたかを知る。そして、知り得た方法により、未だ解決されていない事実を追求する。これが学問、研究なのです。

法然上人はその「学習（勉強）」を「やすきなり」と、はっきりおっしゃっています。私はこの言葉に愕然《がくぜん》とします。私たちは、サボり過ぎてはいないでしょうか。実際に、「学問・研究」ではなく「学習（勉強）」にさえ汲々としていますし、いや、その「学習（勉強）」すらしていないのかもしれません。せめて法然上人が「やすきなり」といわれる「学習（勉強）」ぐらい、がんばって成し遂げたいものです。

大切なのは、「事実」がどうであったかを確認する、ということでしょう。実は、「法然上人作」とされている歌の中には、実際にはそうではないものが含まれているのです。事実として法然上人はどの歌を詠まれたか、それが解明されてこそ、法然上人の信仰を真に味わえるのではないでしょうか。真偽の問題は重要なのです。

しかしながら誤解を恐れず申せば、法然上人の歌だと伝承されてきたものが実は疑わしい、という結果になったとしても問題はありません。「その歌が法然上人の作ではなかった」、というだけのことです。その時代に法然上人の歌だと仮託《かたく》されたことに重要な意味があり、歌の内容が、当時の浄土宗の理解として誤ったものというわけではありません。いや、その時代に浄土宗の教えとして理解されたからこそ、法然上人の歌として仮託されても違和感がなかったのでしょう。

私は、歴史上、事実としての法然上人の姿を見極めたい、その立場で、お歌の真偽を確認したいと思っています。

タイムマシン

法然上人について、何かを研究し調査し、事実を確認したいといった場合、一番確実な方法は、法然上人に直接お会いすることです。しかし現在までのところ、それは不可能です。ＳＦ映画に出てくるタイムマシンがあれば、直接確認しに行けますが、それがまだ実現しない今、できることは、その時代に限りなく近い文献資料を集めて吟味する、ということになります。ここに文献研究の重要性があります。文献が、まさにタイムマシンとなるのです。

法然上人の歌を研究するなら、上人の歌が収載されている文献を集めます。といっても、この場合、歌集ではありません。法然上人の場合、上人の在世中には、著名な歌集に取り入れられたり、勅撰集《ちょくせんしゅう》入選、ということはありませ

＊28　鎌倉後期の私撰集。全36巻。１３１０年成立。藤原長清撰。『万葉集』以後の私撰集などから、従来の撰に漏れた歌1万7350首余を四季・雑に分類して収載。

＊29　二十一代集（平安から室町時代にかけて作られた21の勅撰集）14番目の勅撰集。全20巻。約

んでした。法然上人がお亡くなりになった後、伝承されていた伝記などの資料から、上人の歌が、名のある歌集に収載されたのです。したがって、法然上人の歌を研究する場合も当然、上人の伝記や法語（漢字、かなまじりの語録）などの文献が元になります。

ちなみに、次のような歌集に法然上人の歌が入撰しています。（122～123頁の一覧表の歌番号に対応）

◉『夫木抄《ふぼくしょう》』*28　三十四　雑部釈教――❼❽⓮⓱

◉『玉葉集《ぎょくようしゅう》』*29　十九　釈教歌――❻

◉『続千載集《しょくせんざいしゅう》』*30　十　釈教歌――❿

◉『続後拾遺集《しょくごしゅういしゅう》』*31　十九　釈教――⓯

◉『新千載集』*32　九　釈教歌――⓰

◉『新後拾遺集』*33　十八　釈教歌――❷

ともかく、法然上人の歌が収められている伝記や、上人の語録、さらに弟子たちの保有する歌の資料といった文献をひもとくことが大変重要になる、ということはご理解いただけたでしょう。では文献資料の上で、法然上人の歌はど

2800首収載。1312年成立。京極為兼撰。『風雅集』とともに京極派の歌風を示すものが多い。

＊30　二十一代集15番目の勅撰集。全20巻。約2100首収載。1320年成立。二条為世《にじょうためよ》撰。

＊31　二十一代集16番目の勅撰集。全20巻。約1350首収載。1326年成立。二条為藤《ためふじ》、二条為定《ためさだ》撰。

＊32　二十一代集18番目の勅撰集。全20巻。約2360首収載。1359年成立。二条為定撰。

＊33　二十一代集20番目の勅撰集。全20巻。約1550首収載。1384年成立。二条為遠《ためとお》、二条為重《ためしげ》撰。

うであるのか、そういった角度から少し考えてみましょう。

法然さまと歌

江戸時代の浄土宗の僧侶、湛澄《たんちょう》（一六五一―一七一二）が元禄《げんろく》九年（一六九六）に編んだ法然上人の歌集『空華和歌集』の序文に次のように述べられています。

やまと歌は。人のこころをたねとして。咲きにおう詞《ことば》の花なれば。その風体。その人に似るべし。爰《ここ》にわが法然上人は。往きやすき御法の門を。ひらき給うのみにあらず。至りがたき風雅の境にも立入せ給えり。つらつらその詠歌を見るに。いとよく上人に似たり。実相そなわりて。おのずから世の教誡《きょうかい》となり。人をして幽玄ならしむる徳あり。絵詞伝語灯録《えしでんごとうろく》に載するところ。すべて十九首。此抄《このしょう》に注す。（『続浄土宗全書』八・三四二）

「絵詞伝語灯録」とは、『法然上人行状絵図』[*34]と『和語灯録』[*35]を指します。その凡例には、

＊34　25頁＊4参照

＊35　28頁＊8参照

一上人の和歌。絵詞伝。語灯録に載するところすべて十九首。これを注す。此外に抄物《しょうもつ》にしるし。人口に伝うる歌もあれど。慥《たしか》ならぬをばもらし侍《はべ》る。

（『続浄土宗全書』八・三四二）

とあり、『法然上人行状絵図』第三十巻にある歌十八首と、『和語灯録』第四巻にある一首の、合計十九首を採録したことが分かります。さらに、「他の書物に記されたり伝承された歌も認められるが、確実に法然作とはいえないので、除いた」と記されていて、一応の取捨選択作業がなされたことが見てとれます。要するに湛澄は、『法然上人行状絵図』と『和語灯録』を、法然上人の歌の真偽の基準として採用し、『空華和歌集』を編纂したということになります。

私たちが、「法然上人の歌」という場合も、これらに拠っていることが多いのです。私が上人の歌について述べるのも、『法然上人行状絵図』と『和語灯録』を土台とした『空華和歌集』を参考にしています。

ところで、今日の学問的成果として、『法然上人行状絵図』の記述に、歴史的事実ではない場合もあることが指摘されているので、法然上人の歌に関しても、その成果に該当しているか確認しておく必要があります。したがって今一度、伝記などの文献資料から見た法然上人のお歌を、基礎的な知識として知っておいていただこうと思います。

確かに法然上人の歌といえるものと、そうでないもの

さてまず、法然上人の伝記資料に掲載されている歌がどのような状況か、見てみましょう。

『空華和歌集』では、その編者、湛澄は❶〜⓲と⑳の歌を注釈しています。『法然上人行状絵図』と『和語灯録』を参考にして『空華和歌集』は編集されたので表（122〜123頁）の通りになるわけですが、他にも法然上人の作とされる歌があります。湛澄は、一応の取捨選択作業によりそれらを排除したと、『空華和歌集』の序文で述べていますが、今日的に『法然上人行状絵図』を見直すと、よりおもしろいことが判明してきます。

『法然上人行状絵図』は、知恩院に所蔵される全四十八巻の、非常に大部な絵巻物です。それまでの様々な法然上人の伝記を集大成する形で、上人の百回忌を機縁として作成されました。つまり、法然上人は建暦二年（一二一二）に亡くなっているので、その成立は一三一一年を中心とすると考えられています。法然上人がお亡くなりになってから百年の間に、多数作成された上人のさまざまな伝記を参考にしているであろうことは、当然予測できますし、事実、細か

く内容を検討しても、それは表れています。

そこで、歌に関して、『法然上人行状絵図』の内容を検討してみましょう。一覧表を見て、ひとまずいえることは、それまでの伝記資料にはなかったのに、『法然上人行状絵図』ではじめて見られる歌が多い、ということです。122～123頁の表の歌番号❶、❷、❸、❹、❺、❽、❾、⓫、⓳がそうです。これはどういったことを意味するのでしょうか。

ここで注意しておきたいことは、『和語灯録』についてです。歌番号❻、❼、❿、⓬、⓭、⓯、⓰、⓱、⓲は、『和語灯録』に共通する歌ですが、それまでの伝記資料にはなかったのに、『和語灯録』ではじめて見られます。

『和語灯録』は法然上人のいわゆる語録で、歌は第五巻に「御歌」として九首まとめて収録されており、歌の詠まれた経緯などを示す詞書などはありません。『和語灯録』にはあるが『法然上人行状絵図』にはない、というのが歌番号⓴の一首。この歌は、『和語灯録』の第四巻に収められる「十二箇条問答」の最後に、この問答の締めくくりとして添えられるもので、「十二箇条問答」と一体のものです。

『和語灯録』は浄土宗第三祖良忠《りょうちゅう》*36上人（一一九九－一二八七）の弟子、望《ぼう》西楼《せいろう》了《りょう》慧《え》道光《どうこう》（一二四三－一三三〇、一説一三三一寂）が編纂したもので、文永《ぶんえい》十二年（一二七五）に成立しました。了慧が数え年七十九歳の元亨《げんこう》元年（一三二一）に開版（出版）され、その全巻揃いの版本が、たった一本、京都の龍谷大学に現存しています。版木に刻印する元の本を、了慧自身が老眼の目をぬぐいながら書いた、と跋文（あとがき）に記されていて興味の尽きないものです。それらの記述を信頼するならば、成立が了慧の師匠良忠上人の在世中であること、了慧が良忠上人の直弟子であること、了慧本人が版木の元の本を書いたこと、などを考え合わせ、『和語灯録』の文献的な価値は高いと考えます。したがってその『和語灯録』に収められる法然上人のことばの信頼性も高いと考えてよいでしょう。たとえ、歌が『和語灯録』ではじめて出てきたとか、詞書もなく、歌の由来も不明だとはいえ、『和語灯録』という書物自体の信頼性という点で、『法然上人行状絵図』とは趣きを異にするのです。

　さてそこで、これまでのことを踏まえ、『法然上人行状絵図』にはじめて登場する歌の信頼性について考えてみましょう。結論から申し上げれば、その信

*36　多くの著作を残したことから記主禅師《きしゅぜんじ》と尊称する。弟子の育成に努め、浄土宗の基礎を築き上げた。大本山光明寺（神奈川県鎌倉市）開山。

頼性は揺らいでいます。つまり法然上人が作られたものではないかもしれない、ということです。

一覧表に見える、「国華本《こっかぼん》」[*37]「高田本《たかだぼん》」[*38]「善導寺本《ぜんどうじぼん》」[*39]というのはいずれも「四《し》巻伝《かんでん》」（『本朝祖師伝記絵詞《ほんちょうそしでんきえし》』）と呼ばれる、法然上人の伝記の中でも最古の部類と考えられているものです。そして「弘願本《ぐがんぼん》」（『法然聖人絵《ほうねんしょうにんえ》』）と「古徳伝《ことくでん》」（『拾遺古徳伝絵《しゅういことくでんえ》』）は、その「四巻伝」の影響をうけて編纂されたことが、既に研究者によって指摘されていますので、『和語灯録』までを含めて、古い資料の記述である、という観点から、これらに収められる法然上人の歌が資料的には上人の詠まれた歌として認めていくべきでしょう。

その「四巻伝」、中でも「高田本」によれば、❼、⓮、㉑、㉒の四首は、伝記記述の流れの中で詠まれます。特に、❼の歌、「あみた仏といふよりほかはつのくにのなにはのこともあしかりぬへし」は、「高田本」では、法然上人が配流[*40]途中の讃岐国塩飽《さぬきのくにしわく》で、地頭西仁《さいにん》に歓待されたときに詠まれた歌であり、㉑の歌「こくらくもかくやあるらむあらたのしとくまいらはや南無阿弥陀仏」と合わせて詠んだことになっています。「高田本」が資料的に古く、事実に近

---

*37 『法然上人伝法絵流通』残欠。奥書がなく成立は不明だが鎌倉時代のものと見られる。

*38 『法然上人伝法絵』下巻。津市高田派専修寺所蔵。絵を欠き、上巻を失している。永仁4年顕智書写本。

*39 『本朝祖師伝記絵詞』の表題で福岡県久留米市善導寺の所蔵。法然上人滅後25年にあたる嘉禎3年（1237）頃に完成したと考えられる。これらは共に「四巻伝」と呼ばれる伝記で、法然上人の伝記の中でも古い部類に属するもの。

*40 建永2年（1207）、後鳥羽上皇が熊野詣でに出た留守中に、院の女官二人（松虫・鈴

いと考えるならば、この二首はセットでなければ本来の意味をなさないことになります。ところが『法然上人行状絵図』では、セットであるはずの㉑の歌がカットされ、❼の歌に「極楽往生の行業《ぎょうごう》には余の行をさしをきてたゞ本願の念仏をつとむへしといふことを」という詞書が付されているのです。内容的には、その詞書のとおりということで全く問題はないでしょうが、歌を詠まれた経緯に関して問題があることが理解していただけるでしょう。

また、❻の歌「しはのとにあけくれかゝるしらくもをいつむらさきの色にみなさむ」の詞書が、「古徳伝」では、「聖人或時《あるとき》大谷の坊にて、西の方はるかに眺望《ちょうぼう》したまひつゝくちすさませたまひける歌」とありますが、『法然上人行状絵図』では、「勝尾寺《かつおうじ》にて」となっています。「大谷の坊」とはいまの知恩院辺りにあった法然上人の庵、「勝尾寺」は配流《はいる》を解かれた上人が一時逗留した、現在の大阪府箕面市にあるお寺ですから、かけ離れすぎています。

以上のようなことから、『法然上人行状絵図』の詞書が事実を示していると は断言し難く、『法然上人行状絵図』の作者は、歌の内容から適当な詞書を付け、伝記記述に都合のよい場所に配置したもの、とみることができます。したがっ

虫）がお念仏の教えに帰依し、弟子の住蓮・安楽のもと剃髪、出家。上皇は激高し、法然上人は四国へ、親鸞（42～43頁＊16参照）ら弟子たちも各地へ配流、または死罪とされた。これを「建永の法難」と呼んでいる。「讃岐国塩飽」は瀬戸内海塩飽諸島の大島を指し、上人はここに流された。

て『法然上人行状絵図』に新たに表れる歌で、詞書のある、❶、❷、❸、❹、❺、⓫は、その詞書に関しても信頼できるものではありません。

これらの状況を冷静に判断しますと、『法然上人行状絵図』に初出する歌、❶、❷、❸、❹、❺、❽、❾、⓫、⓳は、『法然上人行状絵図』が編纂される際、どういう理由で法然上人の歌と決定されたのか、そのことが明らかにならない限り、法然上人作の歌と断言はできないということになります。

ここで指摘したことは、あくまでも現在見られる資料の上でのことであり、より古い文献やそれらの信頼性、記述の状況などを総合的に考慮して判断できることであって、「法然上人の歌ではなかった」と断ずるものではありません。どこまでいっても〝可能性〟の問題であるわけです。

そこで、今度は反対に、確実に法然上人の歌とみなしてよいものを挙げてみましょう。

❼、⓮、㉑、㉒の四首は、非常に信頼性のある伝記に記述されることから、現段階では法然上人の歌と考えてよいでしょう。

⓴、㉓の二首も、既に述べたように法語とセットであったり、古い伝記の影

響を受けた資料にあることから、法然上人作の歌とみてよいでしょう。❻、❿、⓬、⓭、⓯、⓰、⓱、⓲の八首は、『和語灯録』ではじめて出てきたものとはいえ、先に述べたような、『和語灯録』という文献自体の信頼性という意味から、法然上人作の歌の可能性の高いものです。

繰り返しますが、『法然上人行状絵図』にはじめて出てくる歌、すなわち、❶、❷、❸、❹、❺、❽、❾、⓫、⓳が、法然上人の作ではないというのか、というと、決してそうではありません。少なくとも、資料的な観点から、現在の段階では法然上人作と断定することに躊躇《ちゅうちょ》すべき、ということであって、教義的、内容的には、法然上人の浄土教思想に照らして問題があるというわけではありません。いや、むしろ、法然上人であるならばこうした歌を詠まれて然るべきであろう、と判断されたからこそ、『法然上人行状絵図』に収められたのであり、言ってみれば一三〇〇年代での浄土宗の理解、ということで差し支えありません。

こうしたことを基礎的な知識として持っておくことは重要です。これを土台にして法然上人の信仰を我がものとし、また皆さんと共有したいと思います。

コラム3

三昧発得

四十三歳で回心《えしん》、専修《せんじゅ》念仏者となった法然上人は、すぐ比叡山《ひえいざん》を後にしますが、その目的が、当時、三昧発得《さんまいほっとく》（45～46頁参照）の人師《にんじ》として知られ、それが上人の耳にも聞こえていた、遊蓮房円照《ゆうれんぼうえんしょう》（一一三九－一一七七）に会いに行くことだったと判明しています。遊蓮房は善導大師《ぜんどうだいし》の説く称名念仏を実践することで三昧発得していました。法然上人は、自身は経典と善導大師の導きによって、「これしかない」という心境で阿弥陀仏の本願の真実性を信じていましたが、回心時にはもちろん三昧発得はしていません。しかし自分の到達した教行《きょうぎょう》が間違いないものか、実際に三昧発得していた人が訪問できる範囲に存在するならば、当然、確認に行くという行動は理解できます。むしろ、居ても立ってもいられず、取るものも取り敢えず、一刻も早く会いに行きたい、ということだったでしょう。

法然上人は常に、「浄土の法門と遊蓮房にあえるこそ人界《にんがい》の生《しょう》をうけたる思出《おもいで》にては侍《はべ》れ」（『法然上人行状絵図』四十四）と語っていたといい、三昧発得の人師としての遊蓮房をことさらに重要視していることは確実です。つまりその行動は、念仏往生の真実性を証明したい法然上人の心情なのであり、善導大師を尊崇するのとは全く次元の異なる、まさに法然上人にとっての自己の信仰の真実性を実証する行動であると言えましょう。

遊蓮房との邂逅《かいこう》により、法然上人の自信はより確定的になり、「専修念仏者としての法然」という方向性が決定したのです。しかし自身が三昧発得するまでにはさらに二十三年の歳月を要します。三昧発得は往生の必要条件ではないので、法然上人が自身の三昧発得に期待したりこだわった形跡は全くありませんが、六十六歳の年頭恒例の別時念仏中に、三昧発得が実現してきます。

法然さまのお念仏 ―― むすびにかえて ――

法然上人の教えは、凡夫が念仏して往生する、ということに尽きます。「一紙小消息《いっしこしょうそく》」という法然上人のご法語の中に、

十方に浄土おほけれど西方を願ふは、十悪五逆《じゅうあくごぎゃく》の衆生の生るる故《ゆえ》なり。諸仏のなかに弥陀に帰《き》したてまつるは、三念五念に至るまでみずから来迎《らいこう》し給《たも》ふ故なり。諸行の中に念仏を用うるは、かの仏の本願なる故也。

【訳】西方極楽浄土を願うのは、十悪五逆の罪をもった衆生でも往生できるからであり、阿弥陀仏に帰依するのは十遍に満たない念仏でも自らお迎えに来てくださるからであり、念仏するのは阿弥陀仏の本願であるからです。

とあります。どのような衆生でも、本願である念仏をとなえれば、阿弥陀仏の来迎をいただいて極楽に往生できるのです。

お歌の中にも、そのようなことが詠まれていました。法然上人の浄土教信仰が確認できます。また、その信仰の深まりゆくさまが、そのまま吐露されていたことも見逃せません。

私は、『法然上人行状絵図』初出の歌は、ひとまず法然上人真作と断ずることに躊躇する、と申し上げました。改めてお歌を吟味してきて感じるのは、『法然上人行状絵図』初出の歌に、技巧的に優れた、味わい深い、そして信仰の熟した心持ちを詠みこまれたお歌が多い、そしてより完成された、あるいは考え抜かれたお歌が多いという気がしてなりません。このことが何を意味するのか、は学問的な課題ですが、法然上人の歌と言われるものを味わい、信仰のあり方をしっかりと感じ取ることが重要です。

なお、本書は「なむブックス」シリーズで平成十九年に出版された『法然上人のお歌』を単行本化したもので、原稿の加筆や推敲をしたほか、法然上人の伝記とコラムを加えました。浄土宗文化局の小村正孝氏、小向百合子氏には、ことのほかご尽力を頂きました。記して感謝申し上げます。

もとより、和歌を味わう素養に欠ける私が、浄土教信仰のお歌を注釈できたとは思っていません。お歌の真意が損なわれ、また、せっかくのお歌の風格が崩れていないか、と危惧し、法然上人に懺悔します。南無阿弥陀仏

法然上人　和歌一覧

歌番号		国華本	高田本	善導寺本	和語灯録	弘願本	古徳伝	九巻伝	法然上人行状絵図	十巻伝
〈成立年代〉					1275	〜1283	1301	1312ごろ	〜1312	1526
❶	さへられぬひかりもあるをしなへて へたてかほなるあさかすみかな								30	
❷	われはたゝほとけにいつかあふひくさ こゝろのつまにかけぬ日そなき								30	
❸	あみた仏にそむる心のいろにいては あきのこすゑのたくひならまし								30	
❹	ゆきのうちに仏のみなをとなふれは つもれるつみそやかてきえぬる								30	
❺	かりそめの色のゆかりのこひにたに あふには身をもをしみやはする								30	
❻	しはのとにあけくれかゝるしらくもを いつむらさきの色にみなさむ				5		8		30	
❼	あみた仏といふよりほかはつのくにの なにはのこともあしかりぬへし		下		5	4	7		30	
❽	極楽へつとめてはやくいてたゝは 身のおはりにはまいりつきなん								30	9
❾	阿みた仏と心はにしにうつせみの もぬけはてたるこゑそすゝしき								30	
❿	月かけのいたらぬさとはなけれとも なかむる人の心にそすむ				5				30	
⓫	往生はよにやすけれとみなひとの まことの心なくてこそせね								30	

⑫	阿みた仏と十こゑとなへてまとろまむ なかきねふりになりもこそすれ				5				30	
⑬	ちとせふるこまつのもとをすみかにて 無量寿仏のむかへをそまつ				5				30	
⑭	おほつかなたれかいひけんこまつとは くもをさゝふるたかまつの枝		下	2		4			30	
⑮	いけのみつ人のこゝろににたりけり にこりすむことさためなければ				5				30	
⑯	むまれてはまつおもひ出んふるさとに ちきりしとものふかきまことを				5				30	
⑰	阿弥陀仏と申はかりをつとめにて 浄土の荘厳みるそうれしき				5				30	
⑱	露の身はこゝかしこにてきえぬとも こゝろはおなし花のうてなそ				5			6	34	
⑲	いけらは念仏の功つもりしなは浄土へまいりなん とてもかくてもこの身にはおもひわつらふ事そなき								21・28	
⑳	これを見んおり〳〵ことにおもひてゝ 南無阿弥陀仏とつねにとなへよ				4					
㉑	こくらくもかくやあるらむあらたのし とくまいらはや南無阿弥陀仏	下	下			4		6		8
㉒	いかにしてわれこくらくにむまるへき みたのちかひのなきよなりせは		下			4	8			
㉓	不浄にて申念仏のとかあらは めしこめよかし弥陀の浄土へ					2				

表の数字は、各歌を所収している巻数を表します。
例：「5」→第5巻、「下」→下巻

伊藤真宏（いとう しんこう）

1964年兵庫県生まれ。兵庫県伊丹市・法巖寺住職、大阪市東住吉区・見性寺兼務住職。

1992年佛教大学大学院文学研究科博士後期課程単位取得満期退学。華頂短期大学、京都文教大学講師、浄土宗総合研究所などを歴任。

専門は浄土学、日本仏教文化史。現在、佛教大学准教授として、法然思想の解明や日本仏教における信仰受容の研究をしている。


◉出版パンフレットをご用意しております。お気軽に浄土宗出版（下記）までご請求ください。

法然さま　二十三のお歌
こころにふれる　教えに親しむ

平成30年4月1日　初　版第1刷発行
令和元年7月1日　　　　第2刷発行

著　者　伊藤真宏
発　行　浄土宗
　浄土宗宗務庁
　〒605-0062　京都市東山区林下町400-8
　TEL（075）525-2200㈹
　〒105-0011　東京都港区芝公園4-7-4
　TEL（03）3436-3351㈹
発行人　豊岡鐐尓
編　集　浄土宗出版
　〒105-0011　東京都港区芝公園4-7-4
　TEL（03）3436-3700
　FAX（03）3436-3356
　E-mail:syuppan@jodo.or.jp
　https://press.jodo.or.jp/
印　刷　株式会社平河工業社
装　丁　萩原　睦（志岐デザイン事務所）

©Sinko Ito 2018,　Printed in Japan
ISBN978-4-88363-098-1　C0015

落丁本・乱丁本は浄土宗出版にご連絡ください。

お取り替え致します。